Quo vadis....Mensch?

(Wo gehst du hin...Mensch?)

Max Denzinger

Quo vadis....Mensch?

(Wo gehst du hin...Mensch?)

Bibliografische Information der Deutschen Nationalbibliothek:

Die Deutsche Nationalbibliothek verzeichnet diese Publikation in der Deutschen Nationalbibliografie; detaillierte bibliografische Daten sind im Internet über http://dnb.dnb.de abrufbar.

Herstellung und Verlag: BoD – Books on Demand, Norderstedt

ISBN: 9783848226429

Quo vadis....Mensch?

(Wo gehst du hin...Mensch?)

von Max Denzinger

Eigentlich wollte ich nach meiner etwas vorzeitigen Versetzung in den Ruhestand mit zwei Hobbies und meiner Frau ein ruhiges Leben ohne Stress und Zeitdruck verbringen.

Doch wie sagen wir gewöhnlich: Der Mensch denkt und Gott lenkt oder das Schicksal hat es so gewollt oder es ist halt anders gekommen.

Meine Frau erlitt völlig unerwartet einen schweren Schlaganfall, dem in den nächsten sieben Jahren zwei weitere folgten. Den dritten überlebte sie 2004 nicht.

In den nächsten 8 Jahren lebte ich allein in unseren Haus. Und dann erwischte es mich wieder hart. 2012 musste ich mich einer zweiten, schwierigen Herzoperation unterziehen. Und zu meiner Überraschung überstand ich diesen Eingriff und erholte mich recht gut. Und jetzt reifte in mir der Gedanke, etwas zu tun, was ich schon lange wollte.

Ich wollte schon lange mehr wissen über die Welt, die Menschen, Religionen, Kirche und Gott.

Besonders der Mensch, sein Werden, seine Bedeutung, sein Tun und Lassen wollte ich rekonstruieren und erfahren, was er tut und tun sollte. Und da wir etwas Besonderes unter den Lebewesen sind und auf der Erde leben, interessierte mich sein bisheriges Leben, sein bisheriges Tun und Lassen.

Unsere Zeit zeigt, dass das Tun vieler Menschen doch nicht das sein kann, was er eigentlich tun sollte.

Und so stellte ich mir die Frage:

„Quo vadis....Mensch?"

Und so begann ich, nach und nach einzelne Bereiche, die für meine Arbeit von Bedeutung waren, zu erforschen.

Ich plante meine Arbeit so, dass die Leserin und der Leser auch notwendige Informationen erhalten. Ich möchte versuchen, dass sie/er ein Gesamtbild über unsere Welt und unsere Zeit bekommt.

So begann ich 2012 meine Arbeit.

Inzwischen sind 5 Jahre vergangen, und mein Wissen und meine Erkenntnisse habe ich in 7 Büchern niedergeschrieben und gesichert. Das alles war nur für mich gedacht.

Inzwischen glaube ich aber, dass meine Erkenntnisse auch für viele andere Menschen interessant sein könnten und habe mich entschlossen, meine letzten zwei Bücher zu veröffentlichen. Sie beinhalten alle wichtigen Ereignisse und Geschehnisse, die für uns Menschen von Bedeutung waren.

Meine Arbeit hat drei Teile und einen Anhang.

Lassen Sie sich überraschen!

TEIL I

Am besten wird es sein, mit dem Werden der Welt, des Universums zu beginnen. Hierüber streiten sich Kirche und Wissenschaften und legen uns jeweils ihren Schöpfungsbericht vor, die total verschieden sind.

Was sagt uns das Christentum und die Kirche dazu?

Das finden wir in der Bibel. Wir können dort lesen: Die Welt hat einen Anfang und ein Ende. GOTT hat aus dem Nichts allein durch einen Kraft- und Willensakt in sechs Tagen die Welt mit allem, was wir in ihr finden, erschaffen. Gott hat also alles erschaffen. Basta!

(Anmerkung des Autors: Das Wort BASTA steht nicht in der Bibel, es ist von mir und bedeutet: so war es eben und nicht anders).

Damit ist die Sache für unsere Kirche erledigt und gelaufen. Noch heute predigt sie diesen unvollständigen Schöpfungsbericht. Noch heute leben etwa 2,4 Milliarden Christen mit dieser Vorstellung.

Die Wissenschaft bietet uns eine ganz andere Version an. Die kam aber erst später im Mittelalter (15./16. Jahrhundert) dazu. Bis dahin war der Schöpfungsbericht der Kirche allein gültig.

Der wissenschaftliche Schöpfungsbericht:

Man muss wissen, dass es der Wissenschaft in erster Linie um die Findung der Wahrheit geht. Sie interessiert nur: WAS?, WANN?, WIE? und WO? etwas entstanden ist. Sie nimmt keine Wertung vor.

Um zu erklären, wie sie sich die Entstehung der Welt vorstellt, bedarf es einer gewissen Zeit und Geduld.

Und deshalb dauert es ein bisschen länger, die Frage nach der Entstehung des Universums zu erklären und zu beantworten.

Ich will es versuchen. Sicher ist, dass die Welt, das Universum, lange bevor der Mensch dazukam, schon existierte.

Man darf also annehmen, dass es schon Gebilde, Lebewesen und Pflanzen gab, als der Mensch das Licht der Welt erblickte.

Man vermutet nun, dass diese damalige Welt zusammenbrach und nur eine Restmaterie übrig geblieben war. Diese Restmaterie befand sich in einem Gebilde unter hohem Druck und großer Hitze und explodierte etwa vor 13 ½ Milliarden Jahren im so genannten URKNALL. Aus dem Staub und den Trümmern entstanden in den nun folgenden 380 000 Jahren die ersten Sterne unseres heutigen Universums.

(Das ist eine von mehreren Theorien). Niemand kann sagen, was vor der Explosion alles war. Dafür gibt es keine Hinweise und Beweise. Aber was nach der Explosion in unserem Universum geschah und sich ereignete, das können unsere Forscher mit ihren Riesenohren und Riesenaugen heute feststellen. Allerdings nur für einen kleinen, uns bisher bekannten Teil des Universums.

Unklar ist noch, woher die Urmaterie kommt, und das wäre wichtig, denn in ihr mussten bereits alle Voraussetzungen enthalten gewesen sein, aus denen die verschiedenen Gebilde des Himmels entstehen konnten.

Wir wissen heute, dass sich dieses Universum immer noch mit rasender Geschwindigkeit ausdehnt. Wir wissen, welche Gebilde, Sterne, Galaxien, geordnete Welten und Systeme vorhanden sind. Dazu gehört auch unser Sonnensystem mit dem Vorzugsplaneten ERDE.

Bekannt ist auch, dass es in diesem Universum recht munter zugeht. Gesetz ist, dass Altes einmal vergeht und Neues aus den Trümmern alter Gebilde entsteht. Es gibt keinen Stillstand, kein zur Ruhe kommen. Im Laufe von Milliarden Jahren entstanden die verschiedenen Sternarten, geordnete Systeme wie die Galaxien und Sonnensysteme, aber es fliegen noch immer ungebundene Brocken im All umher und gefährden andere Systeme und Planeten.

Für uns Menschen ist das Universum deshalb wichtig, weil unser Sonnensystem ein kleiner Teil des Universums ist. Ein kleiner, aber ein ganz besonderer Teil, denn - soweit wir heute wissen - konnte Leben in vielfältiger

Art und Form bisher nur auf der Erde entstehen. Nur auf der Erde sind alle notwendigen Bausteine vorhanden, aus denen Leben entstehen konnte und kann. Und ein Baumeister sorgt dafür, dass es auch immer Leben auf der Erde geben wird, dieser Baumeister und Architekt heißt EVOLUTION.

Das hat der englische Naturforscher DARWIN herausgefunden und entdeckt.

Die Evolution ist für den Fortschritt und die Auslese von Lebewesen zuständig und verantwortlich. Sie prüft, ob alle Voraussetzungen für ein neues Lebewesen gegeben sind. Dann greift sie ein, wechselt ein paar Bausteine im Bauplan schon vorhandener Geschöpfe aus, so dass ein neues Lebewesen werden kann. Dieses muss sich aber erst im Universum durchboxen und behaupten, ehe es bleiben kann. Dazu sind in der Regel oft viele Versuche notwendig, bis endlich das neue Lebewesen stark genug ist, sich zu behaupten und zu bestehen. Nur das Gesunde, Starke kann sich behaupten und darf eine gewisse Zeit leben.

Sie ist aber auch bereit, nach Katastrophen, bei denen hoch entwickelte Geschöpfe vernichtet wurden, wieder von vorne mit einfachen neuen Wesen anzufangen. Kurz gesagt, sie ist der Garant dafür, dass immer Lebewesen auf der Erde entstehen und sein werden, wenn die Voraussetzungen gegeben sind.

Man darf annehmen, dass es im Universum noch weitere erdähnliche Planeten geben kann, auf denen auch hoch entwickelte Lebewesen existieren konnten und können.

Jetzt wird es aber Zeit, zu erklären, wie die Wissenschaft sich das Werden der Welt vorstellt.

Für sie haben die Kräfte der Natur in Verbindung mit der Evolution das Universum und alle anderen Gebilde und Lebewesen hervorgebracht. Einfach ausgedrückt, damit wir jetzt nur den Unterschied der beiden kennen:

Im Schöpfungsbericht der Kirche hat GOTT alles erschaffen. Bei der Wissenschaft sind die NATUR und die EVOLUTION die Schöpfer aller Dinge.

Nun zur Frage: Wie ist der Mensch geworden?

Natürlich müssen wir wieder mit zwei verschiedenen Vorstellungen und Meinungen vorliebnehmen:

Das Werden des Menschen aus christlicher Sicht:

Wieder sagt uns die Bibel, wie Gott den ersten Menschen Adam erschaffen hat. Da heißt es:

Am sechsten Tag schuf Gott den Menschen. Er nahm Erde, formte den Leib daraus und hauchte ihm den Odem des Lebens ein.

Damit war der erste Mensch fertig. Eva wurde ihm als Partnerin beigegeben. Wir finden kein Wort von einer unsterblichen Seele in diesem ersten Schöpfungsbericht. Die Theologen waren es, denen dieser Schöpfungsbericht nicht genügte.

Der neue Text lautet so:

Am sechsten Tag erschuf Gott den Menschen. Er schuf ihn als Mann und Frau. Beide sind gleichwertig und gleichberechtigt. Gott schuf den Menschen aus zwei Teilen. Den vergänglichen Leib formte er aus fruchtbarer Ackererde, der zweite Teil ist der göttliche Teil mit göttlichen Eigenschaften und Begabungen, Gott sieht im Menschen die KRONE seiner Schöpfung. Bei seinem Tod trennt sich die unsterbliche Seele vom Leib und verschwindet im Jenseits. Dort wartet sie mit den andern bis zum Jüngsten Tag und muss dann Rechenschaft über ihr irdisches Leben abgeben. Dann erfährt sie den Urteilsspruch Gottes.

Die Guten kommen in den Himmel, die Schlechten in die Hölle, und das für ewig.

Im Christentum gibt es also zwei Leben, das irdische und für die Seele das ewige Leben im Jenseits.

Diese Einteilung hat Christus selber angedeutet. Er hat sich besonders der Armen, der Kinder, der Bedürftigen, der schlecht Behandelten, der Kranken und Siechen angenommen und ihnen im Jenseits einen Ausgleich, eine Art Wiedergutmachung, versprochen. Sie kommen in den Himmel zu Gott und dürfen ewig in seiner Nähe sein.

Was hätte er sonst tun sollen? Auf dieser Erde wird es immer Menschen geben, denen es schlecht geht. Also hat er einen Ort nennen müssen, wo sie entschädigt werden können und versprach ihnen den Himmel, ein zweites Leben im Jenseits. Jesus gab ihnen damit Trost, Hoffnung und die Kraft, das Leben auf Erden zu ertragen. Für die Christen ist nur das zweite Leben von Bedeutung. Nur dort ist sein Ziel (die ewige Seligkeit) zu finden. Das irdische dient nur dazu, sich für das Leben im Jenseits vorzubereiten. Für das TUN und LASSEN im Diesseits muss die Seele am Jüngsten Tag Rechenschaft ablegen.

Wir finden Texte in der Bibel, die deutlich sagen, dass wir unser Tun und Lassen dem Wollen Gottes unterordnen müssen. Wer die Gebote und Verbote Gottes bricht und nicht befolgt, dem drohen harte Strafen wie Fegfeuer und Hölle. Und das sind nicht gerade die Orte, in denen man ewig wohnen möchte. Wir finden in der Bibel folgenden Text: „Die demütige Unterwerfung unter Gott ist der schönste Schmuck des Christen".

Kurz gesagt: mit dem Fegfeuer und der Hölle hatten die Prediger ein Mittel, uns an die Strafen zu erinnern, die auf uns warten, wenn wir nicht das tun, was sie uns offenbaren. Auf diese Art versuchten sie, uns bei der „Stange" zu halten, wie man so schön sagt. Wir leben immer mit dem Gefühl der völligen Abhängigkeit von Gott und der Angst.

Sehen wir uns dieses Jenseits genauer an.

Wir wissen nicht, wo es ist. Es darf nur unsere unsterbliche Seele dorthin und kann die ewige Seligkeit erhoffen. Und das ist doch das Ziel des Christenmenschen. Ich weiß aber nicht, ob die Seele sich freuen oder Schmerz empfinden kann. Der Mensch besteht aber aus Leib und Seele. Wir müssten eine neue Leiblichkeit für unser zweites Leben im Jenseits bekommen, denn Leib und Seele haben zusammen entweder Gutes oder Böses im Diesseits getan. Also sollte auch der tote Leib wieder dabei sein.

Das wird aber eine schwierige Sache. Nach der Himmelfahrt Jesus wurde gefragt, welchen Leib er nun hatte. Die Antwort der Bibel: Er ist ein ganz anderer geworden, aber der gleiche geblieben.

Ich frage mich auch, was soll die unsterbliche Seele, die ja jetzt der Mensch ist, mit einem zweiten Leben anfangen? Sie hat ja jetzt nichts mehr zu tun, hat keine Aufgaben mehr und kann sich nicht mehr bewähren. Sie muss ewig ihre Zeit damit verbringen, im Himmel in der Nähe Gottes zu sein und seine Herrlichkeit zu schauen (Gott ist aber unsichtbar) oder in der Hölle furchtbare Schmerzen erleiden.

Der Schöpfer hat uns für die Erde erschaffen und uns Aufgaben und Pflichten auferlegt. Und nur auf der Erde und solange wir leben, können wir wirken und seine Herrlichkeit sehen. Und die sehen und erkennen wir nur in seinem Tun, in seinen Werken, in seinen Geschöpfen und seiner Schöpfung.

Ich finde seine Größe und Herrlichkeit in jeder Blume, jedem Schmetterling und in uns Menschen. Und all dies finde ich nur im Diesseits, im irdischen Leben auf der Erde. Hier kann und sollte ich mich jeden Tag freuen und seine Herrlichkeit bewundern.

BONHOEFFER meint, der Mensch muss christlich leben und handeln. Gott ist nicht im Jenseits zu suchen, sondern er muss in der Welt verwirklicht werden. Nur in der Welt kann man Gott begegnen.

Und ALBERT SCHWEITZER formuliert so: Wir wissen, wie sich das Licht bricht, aber das Licht bleibt ein Wunder. Wir wissen, wie die Pflanze wächst, aber die Pflanze bleibt ein Wunder. So geht es uns in allen Dingen auf dieser Welt: wir besitzen viele Kenntnisse, doch die Schöpfung bleibt ein Wunder.

Was soll die Strafe beim Jüngsten Gericht?

Ich kann mich auch nicht damit anfreunden, dass wir im Jenseits noch einmal Rechenschaft ablegen sollen und bestraft werden für das, was wir im Diesseits getan haben. Haben wir auf Erden Verbote oder Gesetze nicht beachtet, so wurden wir durch ein weltliches Gericht bereits verurteilt und bestraft. Warum sollen wir für die gleiche Tat noch einmal belangt werden?

Für lässliche Sünden haben wir unseren Richter in uns selbst, nämlich unser Gewissen. Ein schlechtes Gewissen ist für mich die Bestrafung. Ich bereue und versuche wieder eine Gutmachung. Mein Gewissen beruhigt sich wieder, und das ist für mich die Absolution.

In diesem Zusammenhang sollten wir uns auch ein paar Gedanken über den Sinn einer Strafe machen. Strafe ist nur sinnvoll, wenn der Sünder nach seiner Tat noch Zeit und Gelegenheit hat, über sein Tun nachzudenken. Er muss die Möglichkeit haben, seine Tat zu bereuen und sich zu bessern. Ob der Täter dies auch tut und wie er sich entscheidet, das ist eine andere Sache. Deshalb sind lebenslängliche Strafen und Todesstrafen sinnlos. Da bleibt keine Zeit, sich zu bessern, was der eigentliche Sinn der Strafe ist. Der Mensch muss einsehen, dass er Falsches getan hat.

Und so sehe ich in der Strafe Gottes im Jenseits keinen Sinn, denn das Urteil kann nur lauten: entweder für immer im Himmel zu sein oder für ewig in der Hölle. Die Sünder haben keine Möglichkeit, sich zu bessern.

So eine Verurteilung kann ein barmherziger, allwissender und allweiser Gott nicht gewollt haben. Diese Strafe im Jenseits ist meiner Meinung nach echtes Machwerk der Theologen.

Gleich noch ein Wort zur Ohrenbeichte.

Als ich etwa 12 Jahre alt war und zur Beichte gehen musste (das war in meiner Jugend noch Pflicht), hatte ich vor der Beichte Angst. Nicht etwa, weil ich so viele Sünden hatte, sondern weil ich beim Nachdenken nur ein paar Sünden fand, und mit diesen wenigen lohnte es sich nicht, zu beichten. Was tat ich? Ich suchte noch einige Sünden dazu, die ich gar nicht begangen hatte, ich log also, um beichten zu können.

Und das belastete mich sehr. Ich dachte über die Ohrenbeichte nach und erkannte: die Ohrenbeichte ist überflüssig (das hat auch Martin Luther wohl so gesehen).

Die Gründe sind:

Der Seelsorger kann nicht feststellen, ob ich meine Sünden echt bereue, er kann nicht erkennen, ob ich alle sagte, er kann nicht feststellen, ob ich die mir auferlegte Buße auch verwirkliche.

Nun wollen wir uns auch die Darstellung und Meinung der Wissenschaft ansehen.

Das Werden des Menschen bis zu seinem eigentlichen Menschsein.

Die Wissenschaft kann noch keine endgültigen Erkenntnisse über das Werden der Menschheit anbieten. Sie ist gezwungen, ihre Darstellung immer wieder zu korrigieren, weil neue Funde von menschlichen Skelettteilen sie dazu zwingt.

Den neuesten Stand habe ich erst vor zwei Tagen in einer Fernsehsendung erfahren, und den möchte ich nun bekannt geben.

Man geht davon aus, dass die Geschichte des Menschen in Afrika begann. Dort entwickelten sich Menschen, die vor 100 000 Jahren fähig waren, sich auf die Reise zu machen und allmählich die ganze Welt, die damals ein einziger Kontinent war, zu erobern.

Nun hat man verschiedene Teile von Menschen an verschiedenen Orten gefunden, die genetisch verschieden waren (Gene sind die Bausteine, aus denen Lebewesen gebaut sind). Daraus schließt man, dass es mehrere Population von so genannten Urmenschen gegeben haben muss, die zwar alle genetisch miteinander verwandt sind, aber doch eigene Lebewesen darstellen. Bisher hat man Reste von 5 solcher Populationen gefunden und erkennen können. Das bedeutet, dass es an verschiedenen Orten zu verschiedenen Zeiten verschiedene Menschenarten gegeben hat.

Und diese müssen sich auch getroffen und vermischt haben, denn man findet in ihrem GENOM (Genom ist die Gesamtheit der Gene) auch Bausteine von anderen Menschen.

Aus diesen 5 verschiedenen Menschenarten sind im Laufe der Zeit einige verschwunden, sie waren den Veränderungen im Universum nicht gewachsen (Klimaumschwung, Mangel an Nahrung, Kälte- oder Hitzeperioden).

Nur zwei spielten weiterhin eine Rolle. Das war der Neandertaler, der hauptsächlich in Europa, aber auch im Osten, lebte. Er lebte während der Eiszeiten vor ungefähr 50 000 Jahren und hatte vor etwa 20 000 Jahren schon einen hohen Entwicklungsstand erreicht. Er war mit der Kälte zurechtgekommen und hatte überlebt. Aber mit der Zeit verschwand auch er. Übrig blieb der HOMO SAPIENS und mit ihm begann der Mensch, MENSCH ZU SEIN.

Der Mensch ist also aus der Verschmelzung von verschiedenen Populationen entstanden. Der Homo Sapiens ist das Produkt von mehreren Urmenschen und hat sich im Universum behauptet. Der Starke hat gesiegt.

Man hat an verschieden Orten verschiedene Teile von diesen Urmenschen gefunden. Im Osten gab es Menschen, die nur einen Meter groß waren. Man hat den mittleren Teil eines Fingers gefunden und konnte dieses kleine Stück einer menschlichen Hand eines Kindes zuordnen. Als Alter gibt man etwa 2 Millionen Jahre an. Ob dieses Rätsel der Menschwerdung der Menschen je gelöst werden kann, bleibt fraglich, denn in unserem Universum gibt es kein Zurück, sondern nur einen Fortschritt. Es können jederzeit irgendwo neue Funde entdeckt werden, und diese müssen dann neu einem Alter zugeordnet werden. Da kann es noch viele Überraschungen geben.

Wir wissen heute, dass das Universum bereits seit etwa 13 Milliarden Jahren besteht und dass es schon die Welt der Sterne, der Tiere und Pflanzen gab, ehe der Mensch vor ungefähr 20 000 Jahren sein Menschsein begann, wahrscheinlich mit dem Neandertaler und dem Homo Sapiens.

Die Situation war so, dass das alles zwar da war, aber niemand hatte Interesse daran, niemand nahm Notiz davon. Es war eben da!

Es fehlte ein Geschöpf, das anders war, als die bisherigen. Es musste ein Lebewesen sein, das sich für das Universum und seine Bewohner interessierte , das neugierig war, Fragen stellen und diese beantworten konnte.

Das war nun Aufgabe der Schöpfer, die das Universum und alles bisherige Leben haben werden lassen.

Dieses neue Lebewesen musste besondere Eigenschaften und Begabungen besitzen. Es musste denken, fühlen, forschen, nachdenken können. Es musste Zusammenhänge erkennen und verstehen können. Es musste planen und verwirklichen können.

Und so entschlossen sich die Schöpferkräfte, ein besonderes Lebewesen zu schaffen, nämlich den Menschen.

Für Gott sollte der Mensch die Krone seiner Schöpfung werden und er hat ihm geistige Eigenschaften geschenkt, mit denen er klug und intelligent werden kann.

Die Kräfte der Natur und der Evolution boten ihre besten Kräfte auf und ließen ihn zu einem begabten Lebewesen werden. Beide, Gott und die Natur, gaben ihr Bestes, um uns Menschen werden zu lassen. Beide sehen in uns Menschen eine Spitzenleistung.

Interessant ist aber die Frage: Wie ließen sie uns werden?

Für die Kirche war es wieder leicht. Sie sagte: Gott hat den Menschen erschaffen.

Die Wissenschaft tut sich hier etwas schwerer, das Werden des Menschen zu erklären.

Sehen wir uns die wissenschaftliche Version an.

Im Universum gab es schon lange Zeit Lebewesen in vielfältiger Art.

Pflanzen und Tiere hatten sich behauptet und lebten auf der Erde. Das neue Lebewesen konnte also nur aus der Gruppe der Tiere entstehen.

Aus dieser Tatsache haben die Wissenschaftler folgende Theorie entwickelt:

Sie haben festgestellt, dass es einige Tiere gibt, die fast den gleichen Bauplan haben wie der Mensch. Sie sind also fast aus den gleichen Bausteinen geworden wie wir und sind also unsere nächsten Verwandten (genetisch gesehen). Diese Tiere sind die Maus, die Fische und der Schimpanse. Sein Bauplan gleicht dem menschlichen zu 98,7 %. Der Schimpanse ist also unser engster Verwandter. Dieser Schimpanse und der Mensch (so nimmt man an) haben einen gemeinsamen URAHN, der vor etwa 6 1/2 Millionen Jahren im Wald lebte.

Aus diesem URAHN sollen sowohl der Schimpanse als auch das neue Lebewesen durch eine Aufspaltung (die Evolution nahm eine kleine Veränderung im Bauplan vor) entstanden sein.

Das neue Lebewesen sah anfangs aus wie ein kleiner Schimpanse. Er benahm sich auch so, kletterte auf Bäume und lief auf allen Vieren.

Bald aber begann sich sein Körper zu verändern. Er richtete sich oft auf und lief nur noch auf den Hinterbeinen.

Sein Becken veränderte sich, neue Muskeln und Bänder und Sehnen entstanden und hielten den Oberkörper aufrecht. Seine Vorderbeine wurden zu Armen (Greifwerkzeugen). Aus dem affenartigen Wesen wurde ein „hominides" (menschenartiges) Lebewesen.

Diese Zeit der Umwandlung dauerte Milliarden Jahre. Man teilte diese Entwicklungszeit ein und spricht von Urmenschen, Vormenschen und Altmenschen, aber noch nicht von Menschen.

In dieser Entwicklungszeit lebten Schimpansen und die neuen Lebewesen zusammen. Und es ist sehr schwer, den Zeitpunkt festzustellen, wo Mensch und Tier wirklich getrennte Wege gehen.

Der Mensch - ein besonderes Lebewesen.

Doch zu einem bestimmten Zeitpunkt gab es Altmenschen, die anfingen zu beobachten, zu denken, zu probieren und herzustellen. Sie schufen aus

Steinsplittern und Steinteilen Werkzeuge, die ihnen das Leben leichter machten. Sie versahen ihre Pfeile und Speere mit Spitzen aus Stein und konnten so die Tiere leichter erlegen. Steinschaber, Steinmesser gebrauchten sie, um das Fleisch vom Fell oder der Haut zu lösen und die großen Tiere zu zerlegen. Sie entdeckten auch das Feuer und nutzten es sinnvoll. Sie konnten sich schon in einer primitiven Sprache verständigen.

Das waren nun Dinge, die die Tiere nicht in dem Maße konnten. Und das war der Zeitpunkt, dieses neue Lebewesen MENSCH zu nennen.

Und damit begann das eigentliche MENSCHSEIN.

Über die Entstehung der Welt gibt es zwei verschiedene Vorstellungen.

Die Kirche (Religion) sagt uns: Gott hat das alles erschaffen.

Die Wissenschaftler meinen: Die Naturkräfte und die der Evolution haben alles werden lassen.

Wenn auch die beiden Schöpfungsberichte verschieden sind, so sagen sie deutlich aus, dass der Mensch ein besonderes Lebewesen ist, das alle andern übertrifft. Beide sehen in uns eine Art KRONE DER SCHÖPFUNG.

Die bisherige Arbeit hat uns das notwendige Wissen über die Entstehung des Universums und das Werden des Menschen vermittelt.

Mich interessierte aber auch, wie es nach seinem „Menschsein" mit ihm weiterging.

Und darüber werde ich jetzt berichten.

Wie kamen die ersten Menschen in ihrem Dasein zurecht?

Mit dem Auftritt des Menschen begann ein neuer Abschnitt in der Geschichte, denn er wollte die bisherige Geschichte der Welt rekonstruieren. Und wie wir heute erkennen, war er auch schon recht erfolgreich.

Die ersten Menschen hatten die gleichen Anfangsprobleme wie alle anderen Lebewesen. Sie mussten sich erst einmal durchbeißen und im Universum behaupten.

Ihre Hauptnahrung waren Tiere und essbare Pflanzen. Sie lebten also als Sammler und Jäger. Sie hatten keine festen Unterkünfte, sondern suchten in Höhlen und unter überhängenden Felsen Schutz vor Feinden und Wetter. Oft waren sie gezwungen, den Tieren zu folgen, wenn diese neue Futterplätze suchten. Sie mussten auch tagelang den Tieren nachlaufen, bis diese müde wurden und leichter zu erlegen waren. Schwierig war es, die Tiere heim zu transportieren, denn sie hatten noch keine Messer, um sie zu zerlegen. Sie waren den klimatischen Veränderungen ausgeliefert, hatten keine warme Kleidung. Es muss ein hartes Leben gewesen sein.

Eine Wende kam erst, als sie auf ihren Wanderungen zu fruchtbaren Flussniederungen und Küsten kamen. Dort ließen sie sich nieder, wurden SESSHAFT, hielten sich Haustiere und Vieh und bauten Getreide und Gemüse an. Die Meerestiere bereicherten ihr Nahrungsangebot. Jetzt konnten sich die Menschen selbst versorgen, jetzt entstanden stabile Unterkünfte, jetzt konnten Völker und Städte und Kulturen entstehen.

Nun gab es bei vielen Völkern kluge Männer, die nützliche Werkzeuge erfanden, anfangs aus Stein, dann aus Bronze und Eisen. Danach wurden auch die Zeitabschnitte, die Epochen in der Geschichte benannt (Eisenzeit).

Neben den werdenden Handwerkern gab es auch kluge Köpfe, die sich Gedanken machten, wie denn diese Welt aussehen könnte. Erste Weltbilder entstanden (die Welt der Menschen ist die Erde).

Wir kennen das Weltbild der Babylonier, der Ägypter, der Griechen.

Alle gingen davon aus, dass die Welt (die Erde also) aus drei Ebenen bestünde: In der Mitte war die Erde, die auf dem Wasser schwamm und die

Form einer Scheibe hatte. Sie war die Heimat der Tiere, Pflanzen und Menschen. Überspannt war die Erde von einem Gewölbe aus einer Halbkugel. An ihr waren die Sterne und der Mond befestigt. Die Sonne zog jeden Tag ihre Bahn von Ost nach West. Nachts fuhr sie auf dem OKEANUS zurück nach Osten. Unter der Erde war die Unterwelt mit den Toten.

Später kam dazu, dass die Götter auf dem Olymp wohnten, und Vater Zeus von dort aus über das ganze Menschengeschlecht und alles andere regierte.

Um 150 v. Chr. lebte in Ägypten ein Astronom mit Namen PTOLEMÄUS. Er fertigte ein neues Weltbild an (das Ptolemäische), in dem die Erde im Mittelpunkt der Welt stand, durch die Erde ging die Weltachse. Sonne und Planeten umkreisten die Erde.

Diese Ordnung galt bis etwa 1750 n. Chr., und die Menschen lebten mit diesem Weltbild.

Alle diese Weltbilder waren Versuche (sie mussten es auch sein), denn das damalige Wissen reichte noch nicht aus, ein genaues anzufertigen.

Neben dem Bestreben, die Welt darzustellen, suchten kluge Menschen schon sehr früh nach einer Kraft, die die WELT hat erschaffen können.

Sie fanden aber nichts Konkretes.

Die Zeit der Götter und Religionen begann.

In ihrem Dasein lernten die Menschen auch Ereignisse kennen, mit denen sie nichts anfangen konnten und die ihnen Angst und Schrecken einjagten.

Sie erlebten Vulkanausbrüche, Erdbeben, Gewitter mit sintflutartigen Regengüssen, Heuschreckenplagen, Klimaschwankungen.

Da waren Kräfte und Mächte am Werk, die sie nicht kannten. Das müssen AUSSERIRDISCHE KRÄFTE sein, die man nicht verärgern durfte. Sie dachten erst, dass Dämonen oder böse Geister die Verursacher sind. Oder sollten es gar Götter sein, die sie für ihre Sünden strafen wollten?

Jetzt war das Wort gefallen, das in Zukunft für die ganze Menschheit von Bedeutung werden sollte.

GOTT war diese Kraft, die man gesucht hatte. Er hat alles geschaffen. Er ist der Schöpfer der Welt. Das war das Ergebnis ihres Denkens.

Und so beschlossen sie, mit diesen Kräften Verbindung aufzunehmen, ihnen den Namen Gott zu geben und zu sich auf die Erde zu holen, um mit ihnen leben zu können.

Wir wissen, dass die Beziehung des Menschen zu einem Gott RELIGION genannt wird (abgeleitet vom lateinischen religio).

Damit war die RELIGION geboren. Menschen haben sie geschaffen.

Und da die Völker weit auseinander lebten und keinen Kontakt zueinander hatten, entstanden im Laufe der Zeit Tausende von verschiedenen religiösen Strömungen, die sich verschiedene Götter für ihre Religion holten. Die Götter bekamen Namen und Aufgaben und waren für ihren Bereich, den ihnen die Menschen zugeteilt hatten, verantwortlich. Es gab viele Bereiche, den der Jagd, der Fruchtbarkeit, der Kriege, der Kunst, der Schönheit, der Familie, der Unterwelt und, und, und.

Für jeden dieser Bereiche holten sie sich eine Göttin oder einen Gott.

So wurden die Götter stark und mächtig und bestimmten bald, wer das Sagen auf der Erde hat. Die Götter gaben den Menschen auch ihre Botschaft bekannt, stellten Gebote und Verbote auf und zeigten ihnen den richtigen Weg, den sie zu gehen hatten, um ihr Ziel zu erreichen.

Die Menschen hatten ihr Schicksal und ihr Tun und Lassen den Göttern anvertraut und taten alles, was diese verlangten.

Und das war viel. Die Menschen mussten ihr Wollen dem Wollen ihres Gottes unterstellen. Sie hatten ihren freien Willen aufgegeben. Sie machten sich ein Bild von einem Gott und das sah so aus:

Gott ist ewig, allmächtig, allwissend, allweise, barmherzig, gerecht, allgegenwärtig. Gott weiß alles und kann alles. Nur er konnte die Welt und alles andere erschaffen haben. Er sagte ihnen, was richtig ist, was sie tun mussten. Das Ziel der Christen ist die EWIGE SELIGKEIT im Jenseits.

An so einer Größe und Macht gab es nichts zu zweifeln, was er sagte ist wahr, was er verlangte, musste man tun.

An ihn konnte man sich wenden. Der Mensch fand einen Halt, Trost und Hoffnung in ihm. Und das war gut so. Mit Gott konnte man leben.

Man kannte nun die Botschaft der Götter. Wer aber sollte diese Botschaft verkünden?

Da hilft uns die Bibel weiter und sagt es uns. Wir erfahren, dass Jesus Christus nach seiner Auferstehung sich mit seinen Getreuen nochmal für 40 Tage getroffen und ihnen Anweisungen und Befehle gegeben hat.

Bei einem Treffen legte er fest, wer seine Botschaft verkünden darf.

Er sagte zu Petrus: Du bist Petrus der Fels, auf den will ich meine Kirche bauen. Er gab auch den Aufbau der künftigen Kirche bekannt. Petrus war sein Stellvertreter auf Erden. Der Papst ist der Nachfolger von Petrus, also Stellvertreter Gottes auf Erden. Die Bischöfe sind die Nachfolger der Apostel. Dazu kommen die Priester, die eine besondere Weihe vom Bischof erhalten und so den Priesterstand bilden.

Priester, Bischöfe und Kardinäle dürfen die Botschaft Gottes den Menschen offenbaren. Der Papst ist seit dem 5. Jahrhundert die einzige Autorität in Glaubensfragen (Glaubensregel). Für die Priester wurde festgeschrieben, dass sie nicht heiraten dürfen und besitzlos bleiben müssen.

Interessant ist, dass es recht bald schon kluge Männer gab, die schon Dinge erkannten, die dann später von den großen Denkern erforscht und bestätigt wurden.

Ein solcher Vordenker war

Pythagoras aus Samos. Er erkannte die Kugelgestalt der Erde.

Aristoteles konstruierte 55 Schalen und Sphären, um die Bewegungen aller Himmelskörper zu erklären. Das göttliche Wesen bewegte die äußeren Schalen mit den Fixsternen, die Planetengeister die inneren.

Aristarch von Samos, ein junger Denker, behauptete, dass die Sonne als ruhender Pol im Mittelpunkt des Universums stehe. Die Erde umkreist die Sonne und dreht sich täglich um die eigene Achse. Und das geschah bereits etwa 300 v. Chr.

Vielleicht waren diese klugen Männer Vorbilder für die nun folgenden großen Denker und Forscher des ausgehenden Mittelalters.

Diese Männer suchten nach der WAHRHEIT. Sie interessierte nur wie?, was?, wann? und wo? etwas entstanden ist.

Sie konnten sich auch nicht vorstellen, dass Gott aus dem Nichts, allein durch einen Kraft- und Willensakt, die Welt und den Menschen erschaffen haben konnte.

Sie hatten erkannt, dass da auch Kräfte der Natur und der Evolution bei der Entstehung von Leben mitwirkten, ja sogar allein Leben werden lassen können. Sie beobachteten, probierten, experimentierten und wollten Zusammenhänge erkennen. Ihr Ziel war, Gesetzmäßigkeiten zu finden und zu beweisen, dass das Ptolemäische Weltbild falsch ist und auch der Schöpfungsbericht der Kirche nicht stimmt. So hat GALIEO GALILEI gelehrt, dass die Schreiber der Bibel sich geirrt haben und dass die Anhänger des Ptolemäus töricht und dumm seien.

Und wer diese Denker waren und was sie alles erkannten, das erfahren Sie jetzt.

Die großen Denker und Forscher des Mittelalters

Da ist zuerst einmal <u>NIKOLAUS KOPERNIKUS</u> (1343 - 1438). Martin Luther soll über ihn gesagt haben, ob der Narr etwa die ganze Kunst ASTRONOMINAE umkehren will.

Er lehrte: Nicht die Erde, sondern die Sonne ist Mittelpunkt der Welt. Die scheinbare Bewegung des Sternenhimmels erfolgt aus der Bewegung der Erde. Die Erde dreht sich täglich um ihre eigene Achse. Der Sternenhimmel ruht. Auch die scheinbare Bewegung der Sonne folgt aus der Bewegung der Erde.

Kopernikus ist der Schöpfer des neuen Weltbildes, des HELIOZENTRISCHEN WELTBILDES.

Diese Lehre wurde von den Universitäten Leipzig, Jena, Paris und Oxford abgelehnt.

Die Kirche gab sie erst 200 Jahre später (1750) frei.

<u>JOHANNES KEPLER</u>

Er erkennt, dass die Bahnen der Planeten elliptisch und die Umlaufzeiten der Planeten verschieden sind. Er entdeckt die Schwerkraft.

<u>GALILEO GALILEI</u>

Galilei liefert in zwei Büchern die Beweise für die Richtigkeit der neuen Lehre. Seine Bücher werden aber verboten, weil er behauptete, die Hl. Schrift und das Ptolemäische Weltbild seien falsch und die Anhänger des Ptolemäus sind töricht und dumm. Papst URBAN VIII hatte gerade mit Luther zu tun, musste aber eingreifen, weil durch diese Aussagen die Lehre der Kirche angegriffen wurde.

Galilei wurde verurteilt, seine Bücher verboten und er musste öffentlich bekunden, dass die unbewiesene und unbeweisbare Lehre falsch sei. Er blieb zwar am Leben, doch er durfte nicht mehr wissenschaftlich arbeiten.

Er war ein großer Mathematiker und Astronom. Er arbeitete schon mit einem Fernrohr. Er führte die experimentelle Forschungsmethode in der Physik ein, erkannte die Fall- und Pendelgesetze.

ISAAC NEWTON (geb. 1642 in London)

Er entdeckte die Gesetze der Schwerkraft, das Gravitationsgesetz, er gründete die klassische Mechanik.

Er lehrte, dass die Welt nicht einem Zufall ihre Existenz verdankt, sie legt vielmehr Zeugnis ab für das Walten ewiger Weisheit und wird durch ihre Existenz zum lebendigen Gottesbeweis.

Er ist einer, der nicht nur den Naturkräften alles Werden zuerkennt, sondern lässt auch Gott mitwirken.

CHARLES DARWIN

Er ist der Entdecker der EVOLUTION.

Sie ist verantwortlich für die Entstehung von Leben und die Erhaltung von Leben, für Veränderungen von Lebewesen, für die Weiterentwicklung von Leben und für die Auslese. Sie ist also so etwas wie ein Baumeister und Architekt.

Folgen dieser Erkenntnisse?

Die alte Welt brach zusammen.

Diese neuen Erkenntnisse der Wissenschaftler brachten die bisherige Weltordnung und das Leben der Menschen völlig durcheinander.

Man hatte geglaubt, mit Gott das Problem der Erschaffung der Welt und die Entstehung von Leben gelöst zu haben.

Das Tun uns Lassen der Menschen war bisher von Gott abhängig . Er war der Mittelpunkt ihres Lebens Und nun kommen die Wissenschaftler, und stellen alles in Frage.

Was war neu?

Ein neues Weltbild war geboren, das HELIOZENTRISCHE WELTBILD, und löste das alte ab.

Der Schöpfungsbericht der Kirche kam ins Wanken und verlor an Glaubwürdigkeit.

Diese Männer behaupten, dass die Naturkräfte und die Evolution allein die ganze Welt hervorgebracht haben. Sie behaupten, dass auch der Mensch allein durch diese Naturkräfte geworden und seine Begabungen selbst im Laufe seiner Entwicklung sich angeeignet hat.

Die Wissenschaften (Mathematik, Physik, Astronomie, Biologie, Philosophie) entstanden und spielen in Zukunft eine ganz wichtige Rolle.

Ein zweiter Schöpfungsbericht entstand.

Das waren harte Tatsachen, die erst einmal von den Menschen und vor allem von der Kirche verdaut werden mussten.

Die Menschen mussten sich nun mit zwei Schöpfungsberichten auseinandersetzen. Ihr gewohntes Leben wurde gestört. Sie mussten sich für eine Version entscheiden.

Man war gespannt und wartete auf die Reaktion der Kirche. Die reagierte gar nicht, sie tat so, als gäbe es keine neuen Erkenntnisse, kein neues Weltbild, keine neuen Naturwissenschaften. Sie sah immer noch in der Theologie die einzige Wissenschaft. Die anderen konnten und sollten nur Mägde der Theologie sein und die Lehre der Kirche unterstützen und beweisen.

Die Kirche hat hier ihren größten Fehler begangen und dadurch die Menschheit gespalten, denn jetzt gab es zwei Arten von Schöpfung: die der Kirche mit Gott und die der Wissenschaft ohne Gott. Es wäre möglich gewesen, die Erkenntnisse der Wissenschaft in ihren Schöpfungsbericht einzubauen, dann hätten die Menschen vielleicht weiterhin nach diesem leben können, und der nun beginnende sinnlose Kampf der Kirche und der Wissenschaftler wäre erst gar nicht entstanden.

Was hätte sie tun müssen?

Wenn Gott die ganze Welt, alles erschaffen hat, dann hat er doch auch die Kräfte der Natur, die Evolution und die Wissenschaftler erschaffen. Den Gläubigen hätten sie sagen müssen, dass damals, als die Texte der Bibel geschrieben wurden, die Schreiber noch nicht wissen konnten, was wir jetzt wissen. Die Menschen hätten das akzeptiert, denn sie waren damals schon so klug, das zu verstehen.

Die Kirche hält heute noch an ihrem alten Schöpfungsbericht fest, und 2,4 Milliarden Menschen nennen sich Christen.

Allerdings glauben viele Menschen an den Schöpfungsbericht der Wissenschaft. Dadurch entstanden unnötige Spannungen unter den Menschen. Das Zusammenleben wurde erschwert und gestört.

Diese große Chance hat die Kirche versäumt, und viele Menschen sind heute unsicher und wissen nicht, was nun richtig ist.

Ereignisse nach dem Mittelalter.

Inzwischen sind rund 500 Jahre vergangen. Die Menschen haben viel ausprobiert. Es ging hauptsächlich um die Macht. Weltreiche entstanden, zerfielen wieder. Menschen schlüpften in die Rolle eines Gottes und regierten als Gottkaiser (Ägypten, China, Rom).

Es gab Zeiten, da bestimmten die Fürsten die Religion ihrer Untertanen.

Die Religionen hatten sich mit den weltlichen Herrschern zusammengetan und sorgten somit für eine gewisse Ordnung im Staate. Bald aber ging es auch zwischen beiden um die Macht im Staate.

Kaiser und Päpste kämpften darum. Es ging um die Frage: Wer hat das Sagen?

Im 14. Jahrhundert gab es zwei Päpste (Gregor den VII. und Innozenz den III.), die auch in weltlichen Dingen die Entscheidungen für sich beanspruchten. Es gab Kriege zwischen den Ländern, und auch die Religionen kämpften gegeneinander. Das Christentum brach auseinander.

Die Menschen hatten doch genug Zeit, um Dinge zu erproben, die sinnvoll waren.

Was hat sie daran gehindert?

Wir können aber leider nur feststellen, dass viele Probleme bis heute meist nur mit Gewalt gelöst wurden.

Die Menschen in den eroberten Ländern wurden umgebracht, unterdrückt, geknechtet oder versklavt. Der Sieger bestimmte, was mit der Bevölkerung des eroberten Landes geschah. Wir müssen leider auch feststellen, dass die Menschen bis heute nicht gelernt haben, die Probleme friedlich zu lösen. Versuche gab es schon bei den Griechen und den Römern. Und auch in unserer Zeit nach dem 2. Weltkrieg, also in den letzten 70 Jahren, wurden längst fällige Versuche begonnen, die aber heute wieder zu platzen drohen. Ich höre immer noch die Rufe vieler Menschen nach dem letzten Weltkrieg: „Nie wieder Krieg!"

Was damals gut begann und ernst gemeint war, wird heute wieder missachtet und vernichtet.

QUO VADIS, Mensch?

Es scheint so zu sein, dass die Menschen, wenn es ihnen gut geht, die gleichen Fehler der Vorgeneration machen. Geht es den Menschen schlecht, sind sie eher bereit, nachzudenken, sinnvoller zu entscheiden.

Wir sollten endlich begreifen, dass wir Menschen die Lebewesen sind, die mit ihrer Intelligenz in der Lage sind, das Geschehen auf der Erde selbst zu gestalten. Nur wir können dafür sorgen, dass notwendige Veränderungen auch durchgeführt werden. Nur wir bestimmen und gestalten unsere Zukunft. Wir sollten endlich in unserem Tun und Lassen zeigen, dass wir die Krone der Schöpfung sind. Das erwarten unsere Schöpfer von uns.

Also: Quo vadis ...Mensch? In welche Richtung gehst du? Was willst du? Was solltest du tun?

Das sind die Probleme um die es geht.

Es ist nicht meine Absicht, alles was auf der Erde bis heute geschah, lückenlos zu rekonstruieren und in Erinnerung zu bringen.

Aber wir sollten nicht vergessen, was einzelne Kulturen dazu beigetragen haben, damit wir Menschen heute mit vielen angenehmen Dingen und einigermaßen friedlich zusammenleben können.

Im Laufe der Zeit werden Entdeckungen, Erfindungen und Erkenntnisse gemacht und gewonnen, die heue noch von Bedeutung sind. Es werden Möglichkeiten erprobt, die man als Fortschritt bezeichnen kann. Völker und Länder nahmen Verbindungen auf, die Erde wurde erforscht, Handwerkliche Berufe entstanden, Handel wurde betrieben.

Die wichtigsten Bausteine unserer europäischen Kultur sind von einzelnen Völkern geschaffen und erprobt worden.

Sehen wir uns die wichtigsten Kulturen und ihre Erkenntnisse an.

Wichtige Beiträge der Kulturen für unser Dasein.

In den einzelnen Kulturen der Völker spiegelt sich das Wissen und Können und ihre Denkweise.

Viele dieser Völker brachten etwas Neues hervor.

Große Völker und Kulturen entstanden im Niltal und in Mesopotamien (Euphrat und Tigris).

Bei den ägyptischen Pharaonen waren Religion und Totenkult wichtig. Der Sonnengott wurde verehrt und viele andere.

Baumeister, Handwerker, Maler, Steinmetze und Schmiede schufen wertvolle Kunstwerke. Der Kalender und das Papier wurden erfunden. Es gab bereits Schulen für die vornehme Jugend. Unterrichtet wurde das Lesen und Schreiben.

Die Erfindung der KEILSCHRIFT war eine große Leistung. Ägyptische HIEROGLYPHEN und die sumerische Schrift bildeten die Grundlage für das griechische Alphabet und unsere heutige Schrift.

Den Sumerern verdanken wir die Kreiseinteilung in 360 Grad, die Zahl 60 war wichtig (Stunde, Minute, Sekunde), die Einteilung des Tages in 2 x 12 Stunden. Die Sumerer schufen das erste Weltreich in der Geschichte.

Um 1700 v. Chr. regierte König HAMMURABI sein Volk und erließ als erster GESETZE, nach denen die Richter urteilen mussten. In eine Steinsäule ließ er 282 Paragraphen einmeißeln. Es waren strenge Gesetze. Der Paragraph 195 lautet, dass einem Sohn, der seinen Vater schlägt, die Hand abgeschnitten wird.

Die PHÖNIZIER kümmerten sich besonders um den Handel und den Austausch von Gütern im Mittelmeerraum.

Sie waren die tüchtigsten Seefahrer und Händler der Welt zwischen 1200 und 750 v. Chr. Sie verkauften an viele Völker Waffen, Glaswaren, Schmuck, Metallgeräte, Textilien und Sklaven. Mit ihren PURPURSTOFFEN machten sie gute Geschäfte. Sie gründeten an den Küsten Handelsniederlassungen. Karthago wurde die wichtigste Handelsmetropole. Kluge Kaufleute entwickelten aus der Keilschrift die erste Buchstabenschrift mit 22 Buchstaben. Die Griechen machten daraus ihr ALPHABET und das übernahmen die Römer.

Die PERSER waren sehr kriegerisch eingestellt. Ihr Weiser ZARATHUSTRA gründete eine Religion um das Jahr 700 v. Chr.

Er erkannte bereits den ewigen Kampf zwischen Gut und Böse, der den Menschen viel Kummer bereitet. Man muss den guten Gott der Wahrheit und des Lichtes AHURA MAZDA unterstützen.

Sie eroberten ein Weltreich, und ihr König KYROS regierte klug und gerecht. Es gab keine Plünderungen und Morde. Die Besiegten durften ihren Glauben behalten und so weiterleben, wie bisher.

Sein Nachfolger DARIUS sorgte für eine straffe innere Verwaltung. Ihr großes Weltreich wurde in 21 Provinzen eingeteilt und verwaltet. Ein Straßennetz wurde ausgebaut. Darius ließ Goldmünzen mit seinem Bild prägen, diese hatten überall den gleichen Wert. Ein großer Fortschritt für den Handel. Diese Könige genossen bei den Besiegten großes Ansehen. Das waren Vorbilder für die griechische und römische Kultur. Man brauchte die Besiegten nicht töten oder versklaven. Und diese Einstellung der Herrscher war neu.

Die europäische Kultur fußt hauptsächlich auf der griechischen und römischen.

Was an Neuem brachten diese beiden Kulturen?

Vom größten Dichter Griechenlands und der Antike HOMER (er lebte etwa um 800 v. Chr.) erfahren wir in seinen zwei Heldenliedern ILIAS und ODYSSEE das lange Ringen der ACHÄER und TROJANER.

In Griechenland konnte aufgrund seiner natürlichen Voraussetzungen (Gebirge, Inseln) kein einheitlicher Staat entstehen, sondern es waren einzelne Stämme, die in Stadtstaaten lebten. Die bedeutendsten waren ATHEN und SPARTA.

Neu war die Gliederung der Gesellschaft. Drei Gruppen bildeten sich heraus: FREIE, UNFREIE und SKLAVEN. Die Frage war: wer hatte nun das Sagen?

In Kriegszeiten herrschte ein HEERKÖNIG. In Friedenszeiten wurden immer mehr die Oberhäupter der Sippen zu Adeligen und die bekamen nach Eroberungen den größten Teil des Landes zugeteilt und wurden reich und bestimmten mit.

Jeder Freie musste entsprechend seines Besitzes Abgaben leisten.

Der Wert eines Mannes hing also von seinem Besitz und Reichtum ab. Ein König erledigte mit den reichen Freien zusammen die Staatsgeschäfte. In Athen wurden auch Bürger reich und durften dann mitregieren.

Die Bürger waren tüchtige Handwerker, Bauern und Seefahrer und auch sie konnten reich werden.

Bald reichte das Land nicht mehr für alle Menschen aus.

Sie bildeten Kolonien im Mittelmeerraum, am Schwarzen Meer, in Unteritalien, blieben aber mit ihren Mutterstädten in enger Verbindung.

Die tüchtigen Bauern, Handwerker und Seefahrer waren gern gesehen und brachten neue Erfahrungen mit. So brachte diese Kolonisierung einen wirtschaftlichen Aufschwung sowohl für die Einheimischen als auch für die Mutterstädte.

Um 800 v. Chr. gab es 250 griechische Kolonien. Das alles verlief friedlich. Das war neu.

Die Götter spielten bei den Griechen eine besondere Rolle. Diese gemeinsame Religion hielt sie zusammen. Auf dem OLYMP lebte die Götterfamilie ZEUS und HERA. Von hier aus herrschten sie machtvoll über das ganze Menschengeschlecht. Sie glichen den Menschen, hatten Schwächen, waren aber unbesiegbar und unsterblich. Als Nahrung diente ihnen AMBROSIA (Götterspeise) und NEKTAR (Göttertrank). In Tempeln verehrte man die Unsterblichen und brachte ihnen Opfer dar. Es gab besondere heilige Stätten (ORAKELSTÄTTEN), in denen die Götter ihren Willen durch eigens berufene Menschen zum Ausdruck brachten. Meist war es eine Priesterin, die sich durch Dämpfe betäuben ließ und in diesem Zustand den göttlichen Willen verkündete. Bei allen wichtigen Entscheidungen wurde der Rat des Orakels von DELPHI eingeholt.

Helden und Halbgötter waren geachtet und bedeutend.

So entstand in Griechenland ein enger Zusammenhalt der Menschen. Der gemeinsame Glaube und die gleiche Sprache hielt sie zusammen. Sie nannten sich Hellenen und ihr Land HELLAS. Alle Fremden waren für sie BARBAREN.

Sie strebten einen gesunden Körper und einen klugen Geist an. Sie gründeten 776 die Olympischen Spiele (Ringen, Diskuswurf, Weitsprung, Laufen und Speerwurf waren die Disziplinen).

Für das Zusammenleben der Menschen war bedeutsam, dass der Stadtstaat Athen eine neue Art der Herrschaft gefunden und erprobt hatte, nämlich die DEMOKRATIE (Mitwirkung des Volkes, Volksherrschaft).

Um 600 v. Chr. bekam ein Großkaufmann mit Namen SOLON den Auftrag, eine neue Verfassung auszuarbeiten. Er teilte die Bürger in 4 Klassen ein und gab jeder Klasse besondere Rechte und Pflichten. Jeder sollte dem Staat nach seinen Möglichkeiten dienen.

Wer am meisten der POLIS diente, sollte auch den größeren Einfluss haben.

Alle über 20 Jahre alten Athener durften in der Volksversammlung mitreden. Ein Geschworenengericht sorgte für Gerechtigkeit. Alle waren vor dem Gesetz gleich. Die Rechte der Regierenden und der Regierten wurden festgelegt.

Es gab also in Athen die erste VERFASSUNG. Um 500 v. Chr. vollendet KLEISTENES die Demokratie.

Unvergängliches haben die Griechen in der Dichtkunst geleistet.

ÄSHYLOS, SOPHOKLES und EURYPIDES begründeten die Tragödie (Trauerspiel), ARISTOPHANES liebte Lustspiele (Komödie).

Vergessen werden dürfen die großen Denker und Philosophen nicht.

Sokrates (469 - 399 v. Chr.):

Er war ein wichtiger Mann in Athen. Er hat neue Fragen gestellt.

Platon schrieb die Worte des Sokrates auf und verkündete sie. Seine Lehre von den Regeln des Denkens (der Logik also) bestimmte für mehr als tausend Jahre die Richtung der abendländischen Welt.

Noch mal wurde ein Weltreich von den Mazedoniern errichtet. König Phillip und sein Sohn ALEXANDER DER GROSSE schufen ein Weltreich. Es umfasste Kleinasien, Syrien, das frühere Perserreich. Durch das Riesenreich verbreitete sich die Griechische Kultur weit nach Osten.

Alexander wollte die eroberten Länder einen und eine Kultur auf griechischer Grundlage errichten.

Makedonen, Perser, Griechen und Ägypter wollte er zusammenführen.

Durch die Vermischung der griechischen Kultur mit der ägyptischen und den einheimischen Kulturen entstand schließlich die ERSTE WELTKULTUR: DER HELLENISMUS.

Nun fehlt nur noch die römische Weltmacht mit ihren besonderen Erkenntnissen, dann können wir den Reigen der wichtigsten Entwicklungen in den einzelnen Kulturen schließen.

<u>Was haben uns die Römer geschenkt?</u>

Es waren viele kleinere Volksgruppen an der Bildung des römischen Staates beteiligt.

Vom Norden her kamen die Italiker, die Latiner und ließen sich in Mittelitalien nieder. Weitere Eindringlinge waren die Sabiener und Etrusker.

Rom wurde Mittelpunkt des Staates.

An der Spitze des Volkes standen Könige. Um Missbrauch der Macht zu verhindern, wurden die Staatsgeschäfte zur Angelegenheit des ganzen Volkes erklärt. Die RÖMISCHE REPUBLIK war geboren.

Zwei oberste Amtsträger(KONSULN) wurden von der Volksversammlung für ein Jahr gewählt. Sie erledigten die Regierungsgeschäfte, 12 Amtsdiener halfen dabei. Beschlüsse bedurften immer der Zustimmung beider Konsuln. In Notzeiten konnte für ein halbes Jahr ein DIKTATOR gewählt werden.

Das Volk war vertreten durch einen Rat, der aus einflussreichen Männern bestand, die den Konsuln Vorschläge machten. Dieser Senat gewann großen Einfluss und Bedeutung. Er entschied über Krieg oder Frieden, war zuständig für die Verwendung der Staatsgelder, bestätigte die beschlossenen Gesetze der Volksversammlung.

Standeskämpfe zwischen den beiden verschiedenen Gruppen, den Patriziern und den Plebejern erschwerten das Zusammenleben.

Die Patrizier waren einflussreiche Großfamilien mit großem Landbesitz. Sie sicherten sich wichtige Ämter. Die große Menge der besitzlosen Menschen verlangten Gleichberechtigung aller, gleiche Rechte, gleiche Pflichten.

Ihr Forderungen waren: Zugang zu allen Staatsämtern, gerechte Verteilung des Ackerlandes, Lockerung der Schuldknechtschaft, gleiche Behandlung vor Gericht, geschriebene Gesetze.

Die Plebejer bekamen 10 neue Beamte (Volkstribune) zugesprochen. Sie dienten dem Schutz der Plebejer. Das Einspruchsrecht (VETORECHT) wurde eingeführt. 512 v. Chr. wurde das ZWÖLFTAFELGESETZ gültig. Auf zwölf Tafeln wurden die neuen Gesetze aufgeschrieben und auf dem Forum Romanum aufgestellt. Diese Ereignisse dürfen als Ursprung und Kernstück der später so berühmten römischen Rechtsprechung angesehen werden.

Wichtige Grundlagen des römischen Staates waren: Der feste Glaube an ihre Götter, ein ausgezeichnetes Heer, ein ausgebautes gutes Straßennetz, ein ausgeprägtes Rechtsempfinden, Pflichttreue und Tapferkeit. Das waren die Voraussetzungen, ein Weltreich zu erobern. Rom wurde zum Mittelpunkt des Reiches der Christenheit.

Für das Christentum waren die Kaiser Konstantin und Theodosius wichtig. Sie erlaubten den religiösen Gruppen Religionsfreiheit und machten das Christentum zur Staatsreligion.

Lange Zeit waren es die Reichen, Adeligen und Besitzenden, die das Sagen hatten.

Dann forderten die Plebejer, die Armen, ihre Rechte und erkämpften sich besonders in Griechenland und Rom ihre Rechte und übernahmen Pflichten.

Sie durften mitreden, wollten teilhaben am Wohlstand, verlangten Gerechtigkeit. Die DEMOKRATIE wurde erkämpft. Wichtige Rechte wie das Vetorecht, die Volksherrschaft und eine gerechte Rechtsprechung wurden verwirklicht. Das alles waren Notwendigkeiten und Versuche, ein gerechtes und friedliches Zusammenleben der Menschen zu ermöglichen.

Darauf hätte man doch aufbauen können.

Der Bereich der Menschen im Universum .

Die Menschen sind für unsere Erde geschaffen und für alles, was auf ihr geschieht (ausgenommen Naturkatastrophen) verantwortlich. Nur wir besitzen die Intelligenz, dafür zu sorgen, dass wir und unsere Nachkommen noch lange auf der Erde leben können. Es sieht aber so aus, als ob wir Menschen unseren Auftrag noch nicht verstanden haben.

Quo vadis, Mensch?

Ich hoffe, es ist mir im ersten Teil meiner Arbeit gelungen, in einer verständlichen Sprache die Informationen zu geben, die ein Mensch wissen sollte.

Ich habe bewusst an manchen Ereignissen harte Kritik geübt und dazu meine Meinung gesagt. Meine Absicht dabei war, dass jeder Leser angeregt wird, selbst über viele wichtige Dinge nachzudenken.

Damit beende ich den ersten Teil meiner Arbeit und widme mich dem zweiten Teil.

TEIL II

Hier geht es darum, unsere derzeitige Situation zu erkennen. Wir können mit unserem bisherigen Denken und Tun die Zukunft nicht mehr sinnvoll gestalten. Wir müssen neue Wege und Möglichkeiten finden, die es uns ermöglichen, unsere Probleme zu lösen. Die Frage ist, ob wir das auch können?

Das 21. Jahrhundert verlangt von uns Menschen, dass wir über viele wichtige Dinge nachdenken. Jede Zeit, jede Epoche hat ihre eigenen Probleme, die die Menschen dieser Zeit zu lösen versuchen müssen.

Die Ursachen und Gründe für viele Probleme liegen hauptsächlich bei uns selber. Es gelingt uns noch nicht, die vorhandenen Gegebenheiten und Schwierigkeiten unserer Zeit rechtzeitig zu erkennen und richtige Entscheidungen zu treffen. Das muss sich ändern. Wir können nicht blind so weiterleben wie bisher. Ein radikaler Umschwung in unserem Denken und Tun ist erforderlich.

Sehen wir uns einmal die weltweiten Probleme unserer Zeit an.

Unsere Forscher erwarten, dass es in den nächsten 20 Jahren vermehrt Naturkatastrophen geben wird. Diese Katastrophen verlangen eine rasche Hilfe, und die kann ein einzelner Staat nicht mehr bringen. Alle wohlhabenden Völker sind hier gefordert, die schlimmem Folgen zu mildern.

Denken wir an die Atmosphäre und den Klimaschutz. Wir lassen zu, dass zu viele Schadstoffe in die Luft kommen. Wir verschmutzen unsere Seen und Flüsse mit Müll und Abfall. Wir machen unseren Ackerboden und die Wiesen durch Überdüngung und Monokulturen unfruchtbar. Das Flüchtlingsproblem wird uns noch viel Kummer bereiten. Die Durchsetzung der Menschenrechte auf der ganzen Welt muss angegangen werden. Der zunehmende Terrorismus bereitet uns Sorgen. Der Bevölkerungszuwachs wirft große Probleme auf und verlangt eine Lösung.

Der Aufbau einer eigenen Wirtschaft der Entwicklungsländer muss unterstützt werden.

Das alles sind globale Probleme und verlangen von allen Völkern Mitarbeit bei der Lösung.

Aber was tun viele Staaten? Sie weigern sich einfach, mitzuwirken, um eine Besserung zu erreichen.

Wir Menschen sind es doch, die diese Probleme verursacht haben. Nur wir als intelligente Lebewesen sind imstande, hier wieder etwas gut zu machen. Wollen wir noch mehr zerstören, was wir zum Leben brauchen? Sind wir noch nicht in der Lage, unsere Intelligenz sinnvoll und verantwortlich einzusetzen?

Quo vadis, Mensch?

Noch komplizierter wird unsere Situation dadurch, dass wir heute mit anders gläubigen, anders denkenden und anders aussehenden Menschen zusammenarbeiten und zusammenleben müssen. Ob wir wollen oder nicht.

Diese Probleme verlangen von uns ein totales UMDENKEN.

Unsere Zeit verlangt ein UMDENKEN.

Wir wissen, dass alles, was auf der Erde geschieht, das Werk von uns Menschen ist. Wir müssen für unsere Zukunft neue Werte und Ziele suchen, die für alle Menschen gelten können und müssen. Deswegen muss jeder Einzelne, müssen die Politiker und die Religionen beginnen nachzudenken, was wir bisher falsch gemacht haben und was wir besser machen können.

Was hat der Einzelne zu tun?

Unser jetziges Denken und Tun dient noch zu sehr uns selbst. Mir soll es gut gehen.

Das genügt heute nicht mehr. Wir sind auf einander angewiesen, brauchen einander. Also dürfen wir in den anderen Menschen nicht unsere Konkurrenten am Arbeitsplatz sehen, sondern den Mitmenschen, den Nachbarn, den Arbeitskollegen, den Bruder und die Schwester. Das heißt, wir müssen sie tolerieren und akzeptieren, achten und schätzen. Wir müssen aufgeschlossen, hilfsbereit und freundlich zu ihnen sein. Sie können doch nichts dafür, dass sie dort, wo sie herkommen, keine Arbeit finden oder vertrieben wurden. Wir müssen dankbar sein, dass wir in einem geordnetem Land leben, Arbeit und Brot haben. Und da sollten wir von unserem „Wohlstand" ruhig etwas abgeben.

Umdenken müssen die Politiker aller Staaten. Natürlich müssen sie sich zuerst um die Belange der eigenen Menschen kümmern. Aber wir brauchen die Bodenschätze anderer Staaten, haben mit vielen wirtschaftliche Beziehungen und politische Verträge abgeschlossen.

Und deshalb ist in großen wichtigen Bereichen auch eine Zusammenarbeit angebracht. Die Verträge müssen eingehalten werden, notwendige Hilfe zu leisten sollte selbstverständlich sein.

Viele Probleme gelten heute für alle Staaten und erfordern die Mitarbeit aller.

Ich kann nicht verstehen, dass es noch Großmächte gibt, die die Atmosphäre am stärksten verschmutzen und dann die angestrebten Ziele für Lösungen nicht mittragen.

Jede Epoche, jede Generation wird mit anderen Problemen konfrontiert. Im Universum ist alles im Fluss, verändert sich alles. Und damit ändern sich natürlich auch die Probleme. Und für ihre Lösungen gebrauchten die Herrschenden und die Politiker fast immer die „GEWALT". Das zeigt die Geschichte ganz deutlich. Der Herrscher, der die meisten Soldaten oder bessere Waffen hatte, gewann Kriege und konnte sich ein Weltreich schaffen. Dabei wurden die Menschen der eroberten Völker schlecht behandelt, unterdrückt, ermordet oder versklavt. Und diese Herrscher bekamen auch noch den Titel „DER GROSSE" zuerkannt (Karl der Große, Alexander der Große). Helden waren die, die am meisten Verbrechen begangen hatten.

Ein Beispiel dafür, dass Menschen missbraucht wurden oder als Sklaven behandelt wurden, sind die ägyptischen Herrscher (Pharaonen). Tausende von rechtlosen Menschen mussten für den Bau der Pyramiden sterben. Brutal wurden sie mit Peitschen und anderen Mitteln zur Arbeit angetrieben, bis sie entkräftet starben. Viele Menschen wurden von ihren Herren als Söldner für Kriege verkauft und starben. Es dauerte lange, bis die Menschen ihre Rechte erkämpft hatten.

Selbst in unserer Zeit werden Probleme noch mit Gewalt gelöst und bringen uns Elend, Not und Tod.

Sehen wir uns einmal an, welchen Unsinn wir heute noch machen, obwohl wir klug, gescheit und intelligent sind.

Was machen wir falsch?

Wir kennen bereits unsere Probleme, aber es schadet nicht, wenn wir unser Tun etwas genauer vorgeführt bekommen.

Die Erde ist der einzige uns bekannte Planet, auf dem Leben in einer großen Vielfalt entstehen konnte. Diese Sonderstellung unseres Planeten Erde im Universum sollte uns schon Grund genug sein, sie zu erhalten und ihren Wert zu erkennen. Wir sollten mit ihr sorgfältig umgehen, denn sie schenkt uns alles, was wir für unser Leben brauchen.

Wir wissen doch, dass wir für alles, was auf der Erde geschieht, die Verantwortung tragen. Wir tun noch zu oft das Gegenteil von dem, was erforderlich wäre.

Unsere Atmosphäre ist für uns Menschen von großer Bedeutung. Sie schützt uns vor den gefährlichen Sonnenstrahlen und enthält den für uns lebensnotwendigen Sauerstoff. Wir zerstören sie mit unseren CO^2-Abgasen unserer Autos, Heizungen und Massenhaltung von Schweinen und Großvieh.

Wir vernichten unser fruchtbares Ackerland mit zuviel Gülle, Giften und Monokultur. Die Wiesen werden überdüngt mit Gülle und Mist. Der Regen schwemmt diese Gifte in Bäche und Flüsse und schaden den Fischen, den anderen Wassertieren und -pflanzen. Ganz schlimm ist die Verschmutzung der großen Flüsse, Seen und Ozeane durch Hausmüll, Plastiktüten und Plastikartikeln. Sogar alte Autos, Behälter von giftigen Spritzmitteln, werden auf diese Weise billig entsorgt. Wenig bekannt ist, dass auch drei russische mit Atomkraft angetriebene U-Boote auf dem Meeresboden liegen und vom Rost langsam zerfressen werden. Eine Bergung ist nicht möglich, da man Spezialgeräte konstruieren müsste, und das dauert etwa 13 Jahre. In 10 Jahren sind die Behälter, in denen sich der Atommüll befindet, durchgerostet und dann ist es ja schon zu spät. Außerdem würde eine Bergung (wenn sie überhaupt aus der großen Tiefe möglich ist), viel zu teuer werden. Also lässt man sie liegen und wartet auf die Folgen.

Unverantwortlich ist die Vernichtung von Lebensmitteln. Gurken, Tomaten werden auf die Straße geworfen. Milch verschwindet in den Kanälen. Wir alle wissen, dass Millionen von Menschen an Hunger leiden oder sogar sterben.

Das dürfte heute nicht mehr sein. Unsere Verkehrsmittel erreichen die abgelegensten Gebiete in kurzer Zeit. Es müsste ein Gremium geben, das bei Katastrophen eine schnelle Versorgung regelt.

Was überhaupt verboten werden müsste, sind Kriege.

Einzelne fanatischen Menschen oder Gruppen nehmen für sich das Recht in Anspruch, unschuldige Menschen zu töten.

Sie zerstören wertvolle Kulturdenkmäler, jede Ordnung, halten sich an keine Gesetze und Gebote und terrorisieren die Menschen in vielen Ländern. Die Großmächte unterstützen diese Gruppen.

Wir nehmen es hin, dass der Graben zwischen Arm und Reich immer tiefer wird. Es darf nicht sein, dass der, der ein ganzes Leben hart arbeitet, von seinem Lohn nicht leben kann, und die Reichen immer reicher werden, weil sie schon reich sind. Sie lassen ihr Geld arbeiten und genießen ihr Leben. Hier müssten gerechte Steuern einen Ausgleich und mehr Gerechtigkeit schaffen.

Nachholbedarf gibt es im Bildungssektor, im Straßenbau und Wohnungsbau.

Die Produktion von Kriegswaffen und Atombomben muss verboten werden. Geschäfte mit Kriegswaffen sind unmoralisch und gehören bestraft.

Wir haben uns verliebt in den Wirtschaftsboom. Die Regierungen und auch wir träumen nur noch von Fortschritt, Wachstum und Prozenten. Nur Rekorde zählen. Egal ob in der Wirtschaft oder im Sport.

Dabei übersehen wir die großen Gefahren, die wir uns selbst schaffen.

Wir bewegen uns zu wenig, wir essen zu viel, wir müssen Arbeiten verrichten, die eintönig, monoton sind und krank machen. Das sind keine rosigen Aussichten.

Wir brauchen neue Werte und ein neues Weltbild.

Alle diese Ereignisse und Fakten zeigen doch, dass wir mit unserem bisherigen Tun gerade das vernichten, was wir dringend für unser Leben und das unserer Nachkommen benötigen.

Quo vadis, Mensch?

Wir müssen neue Wege und Möglichkeiten suchen und finden, die es uns ermöglichen, solche Fehlleistungen zu vermeiden. Wir müssen für unsere Epoche ein neues Weltbild erstellen, müssen viele Wörter und Begriffe neu definieren.

Alle diese angeführten Fehler, die wir bisher machten, verlangen eine Korrektur in unserem Denken und Tun.

In den Weltbildern spiegelt sich immer die Klugheit, die Intelligenz der Menschen der jeweiligen Zeit. Bisher haben wir Menschen getan, was uns gesagt wurde. Die Religion bestimmte das Leben ihrer Gläubigen, Diktatoren oder Könige und Kaiser bestimmten, was wir zu tun hatten.

Das war nicht immer gut für uns. Das war gut für die, die uns sagten, was gut für uns ist.

Unser Ziel muss sein: **Selbst zu erkennen, was getan werden muss und dann selbst zu entscheiden, ob und wie wir es tun wollen.**

Also müssen wir uns fragen, ob wir in unserer geistigen Entwicklung so weit sind, die Probleme unserer Zeit zu erkennen und sie zu lösen.

Und da bin ich der Meinung, dass viele Menschen heute in der Lage sind, mit ihrem Wissen und Können, mit einer richtig verstandenen Intelligenz, dies schaffen zu können.

Ich versuche es zu beweisen.

Wir haben heute die Fähigkeiten, SELBST zu erkennen, was zu tun ist. Mit unserem Verstand erkennen wir, was gut ist, was wir tun müssen. Unser Gewissen sagt uns, ob das richtig ist, was wir tun. Und unser freier Wille erlaubt uns, das, was wir wollen, zu verwirklichen oder nicht.

Wir haben also alle Voraussetzungen, die wir brauchen, um die auftretenden Schwierigkeiten zu erkennen und zu lösen.

Einige Beispiele sollen das erhärten.

Unsere Schulen vermitteln jungen Menschen das Grundwissen für Berufe. Und diese verlangen von uns ständige Fortbildung. Unsere Wissenschaftler haben viele Bereiche, die für unser Leben wichtig sind, erforscht. Ihre Erkenntnisse finden wir in Computern, Robotern, Maschinen, Apparaten und Geräten verwirklicht. Techniker haben uns damit Hilfsmittel geschaffen, die uns das Leben und die Arbeit erleichtern.

Die Medizin konnte schlimme Seuchen und Krankheiten besiegen. Die Ärzte tauschen Organe aus, ersetzen verbrauchte Gelenke und erzeugen neues Leben, das es bisher nicht gab. Sie machen der Evolution Konkurrenz. Diese wehrt sich noch, indem sie fremde Organe abzustoßen versucht. Die Wissenschaftler können die Baupläne von Tieren und Menschen verändern. Naturwissenschaftler und Ingenieure bauen Raketen, mit denen wir den Mond erreichen. Die Techniker haben Riesenohren und Riesenaugen konstruiert, mit denen sie bereits tief in das Universum hören und sehen können.

Das sind Beweise genug, die dafür sprechen, dass viele Menschen ein ausreichendes Wissen und Können besitzen, um Probleme selbst zu erkennen und zu lösen.

Es liegt also nicht am Wissen und Können, sondern an der sinnvollen Verwirklichung des Erkannten. Es liegt also an unserem WOLLEN.

Wir sind also fähig, für unsere Zukunft eine neue Weltordnung zu erstellen.

Dabei müssen wir verschiedene Fakten beachten.

(Später mehr dazu).

Wir müssen also neue WERTE für unsere globale Gesellschaft finden, die für alle gelten und die alle verwirklichen wollen und können. Gläubige und ungläubige Menschen müssen sie akzeptieren und mit diesen Werten leben können.

Einige alte Begriffe und Wörter müssen für ein neues Weltbild neu überdacht und definiert werden.

Beginnen wir mit dem Wort GOTT.

Wir wissen, wie dieses Wort entstanden ist. Menschen haben mit den außerirdischen Kräften Verbindung aufgenommen und in deren Macht die Kraft gesehen, die sie schon immer suchten. Dann haben sie diese Kräfte GOTT genannt und ihn zu einer Gestalt gemacht, die alles wusste und alles konnte. Seine Autorität war unantastbar. Seitdem leben die meisten Menschen mit vielen Göttern, die alle einen verschiedenen Namen haben.

Nun gibt es aber nur einen Gott, der alles erschaffen hat. Und der muss einen neuen Namen bekommen. Er sollte Schöpfer genannt werden. Die drei westlichen Religionen sehen in ihren Göttern doch diesen einen Gott. Sie müssen nur bereit sein, ihren Gott den Namen **SCHÖPFER** zu geben.

Die östlichen Religionen sehen nicht in Gott, sondern in einem ewigen Weltgesetz den Schöpfer, haben sich aber zum besseren Verständnis ihrer Religion Ersatzgötter geholt.

Alle diese Götter sind aber UNSICHTBAR für uns. Wir sehen nicht die Gestalt und die Namen dieser Götter, sondern müssen sie in ihrem Tun, in ihren Werken suchen und erkennen.

Ein Beispiel soll uns helfen, dies zu verstehen.

Ein Schreiner fertigt einen neuen Stuhl, den kaufen wir uns.

Vom Meister, vom Macher dieses Stuhls sehen wir nichts mehr.

Aber was erkennen wir in dem Stuhl? Alles, was der Meister kann: Sein Wissen und Können, sein Talent und seine Kraft, die er für die Fertigung des Stuhles benötigte. Also in seinem Werk, in dem was er geschaffen hat, erkennen wir ihn wieder.

So ist es auch bei Gott. Wir sehen von ihm nur sein Können, sein Wirken, seine Macht und Kraft und Energie, seine Größe, seine Weisheit, seine Klugheit. Und das alles ist nun Gott für uns, den wir jetzt Schöpfer nennen wollen. In seinen Werken, seinem Wirken, in seiner Schöpfung und seinen Geschöpfen sehen und erkennen wir seine ewige Kraft. Und ganz besonders in uns selbst erfahren wir seine Größe. Er hat etwas geschaffen, etwas gemacht. Und deshalb sollten wir ihn den Namen **SCHÖPFERKRAFT** oder einfach **SCHÖPFER** geben.

Diesen Namen können alle Religionen und alle Menschen akzeptieren, denn den verstehen und begreifen wir, weil wir alle Geschöpfe sind. Und auch das sollte die Kirche beachten, dass wir intelligenten Menschen nur das glauben, was wir verstehen und begreifen. Wenn die Kirche den Gott als ewige Kraft predigt und offenbart, die schon immer war und immer sein wird, dann findet sie Gehör bei vielen Menschen, weil wir eine solche Kraft schon immer suchen.

Es ist nicht so, dass die Wissenschaft schon alles beweisen kann. Offen ist (ich fürchte noch für lange Zeit oder sogar für immer) noch die Frage: Woher kommt die URMATERIE, aus der alles geworden ist.

Die Meinung der Bibel, dass Gott die Welt aus dem Nichts allein durch einen Kraft- und Willensakt erschaffen hat, überzeugt uns heute auch nicht mehr.

Wir brauchen heute ein Bild vom Schöpfer der Welt, in dem beide Kräfte, die von Gott und die der Natur und Evolution in der Kraft eines SCHÖPFERS vereint sind und wirken, denn nur beide zusammen bringen etwas zustande und sind die Macher und Schöpfer der ganzen Welt.

Der Name „Schöpfer" ist der Gott für UNSERE ZEIT, wie wir ihn erkennen und brauchen und sehen müssen. Für uns ist er sichtbar in seinen Werken und seinem Tun.

Jede Zeit muss ihn neu formulieren. Wie er in einigen Millionen Jahren genannt wird, wissen wir nicht.

Wir dürfen und können also noch annehmen, dass beim Werden der Welt, auch ein Gott seine Hand im Spiele hatte. Die Menschen, die mit einem Gott, wie sie ihn bisher kannten, leben wollen, sollen dies auch weiterhin tun und tun können.

Dass Gott zum Werden des Kosmos beigetragen hat, das hat schon der große englische Denker ISAAC NEWTON erkannt und uns verständlich erklärt. Er meint, dass die Welt nicht einem Zufall ihre Existenz verdanke, sie legt vielmehr Zeugnis ab für das Walten ewiger Weisheit und wird durch ihre Existenz zum lebendigen Gottesbeweis.

Und unser großer deutsche Philosoph IMMANUEL KANT ist der Meinung, dass niemand beweisen kann, dass es einen Gott gibt, aber auch niemand kann beweisen, dass es ihn nicht gibt. Und uns Menschen gibt er den Rat: lebt so, als ob es einen gäbe.

Der Schöpfer predigte auch nur eine Religion. Wir haben aber jetzt Tausende religiöser Strömungen in Sekten, die auch verschiedene Botschaften haben. Und es entstehen immer noch neue Religionen. Als Beispiel nenne ich die neue christliche Bewegung, die „Charismatische Pfingstbewegung", die schon weltweit über 640 Millionen Anhänger hat. Der Heilige Geist steht hier im Mittelpunkt. Bei uns in Deutschland gab es 2010 bereits 760 solcher

Gemeinden. Diese Religion soll besonders bei jungen Leuten und in den Ländern der ehemaligen Kolonien gut ankommen.

Es gibt auch immer mehr Menschen, die Ersatzgötter verehren. Zum Beispiel finden manche Menschen in der Musik oder im Sport solche Ersatzgötter. Sie verlangen vom Menschen auch Disziplin, Einsatz und andere gute Eigenschaften.

Die Probleme mit den großen Weltreligionen:

Für unser Leben sind zurzeit aber immer noch die großen Weltreligionen bedeutend.

Wünschenswert wäre wieder der Urzustand mit einem Gott, einer Botschaft, einer Religion. Dieses Ziel sollte wieder angestrebt werden. Der Schöpfer wollte ein Reich, in dem für alle Menschen Gerechtigkeit herrschen soll. Diese Botschaft haben die Religionen weitgehend vergessen. Sie haben sich bekämpft, Kriege gegeneinander geführt (Kreuzzüge, Ausbreitung des Islam mit Feuer und Schwert) und sie mögen sich auch heute noch nicht. Selbst das Christentum ist in drei Teile zerfallen. Luther wollte Reformen, keinen 30-jährigen Krieg, der für ganz Europa Leid, Not und Elend brachte.

Eine einheitliche Religion wird noch nicht möglich sein, aber eine Annäherung der großen Religionen muss jetzt erfolgen, und die ist nur möglich, wenn die Religionen ihren Anspruch, die einzig richtige zu sein, die für alle Menschen gelten sollte, aufgeben und sich gegenseitig tolerieren und achten. Das wäre ein guter Schritt in die erstrebenswerte Richtung der Versöhnung und Zusammenarbeit. Es sollte aber mehr werden, und das wäre jetzt auch möglich, wenn sich die Religionen auf das Gemeinsame, das sie haben, besinnen würden.

Einig sind sie sich ja schon über das Entstehen ihrer Hl. Schriften. Alle glauben, dass diese mit göttlicher Mitwirkung (Inspiration) entstanden sind.

Alle müssten für ihren Gott den neuen Namen Schöpfer annehmen, denn sie verehren doch alle den einen, den Schöpfergott.

Einig sind sie sich schon in dem Gebot, das sie Ihren Gläubigen verkünden: TUT das GUTE und MEIDET das BÖSE.

Das ist es doch, was der Schöpfer will, und auch intelligente Menschen sollten und könnten mit diesem Gebot leben. Es sollte von allen Menschen verwirklicht werden. In ihm schlummern viele neue Werte, die darauf warten, erkannt und gepredigt zu werden.

Selbst Buddha, der an keinen Gott glaubte, erkennt, dass im richtigen Denken, im richtigen Tun der Sinn der Menschen liegt, also auch er sagt: Tue das Gute und meide das Böse.

Aus diesen Gemeinsamkeiten könnte man heute eine moderne Religion entwickeln, die die Botschaft des Schöpfers klar zum Ausdruck bringt und die von den Menschen verstanden und gelebt und verwirklicht werden könnte.

Dieses Gebot wäre für viele Gläubige nichts Neues. Es sollte aber nicht als Gebot (DU sollst...., Du musst....) verkündet werden, sondern so, dass es bei den Menschen zum Prinzip für ihr Handeln wird. Sie müssen das Gebot von sich aus verwirklichen wollen. Das den Menschen beizubringen wäre für die Religionen eine sehr gute und wichtige Aufgabe. Man müsste nur die richtige Sprache verwenden. Man könnte sagen: ......helfe mit, dass...., lass nicht zu, dass ..., besser wäre, wenn... usw..

Wir Menschen wollen mit in die Auslegung hineingenommen, wollen angesprochen werden, wollen mitwirken können. Wir möchten das Gefühl haben, selbst entscheiden zu können.

Wir Menschen sollten wieder unser Gewissen zur Richtschnur unseres Tuns machen. Das Gewissen muss wieder so geschult werden, dass es zum Richter für unser TUN und LASSEN wird. Es kann uns rechtzeitig sagen: Vorsicht! Überlege dir, was du tun willst.

Die Botschaft des Schöpfers ist ein IDEAL für die Ewigkeit. Für jede Generation muss sie so ausgelegt werden, dass die Gläubigen sie verstehen, dass die Botschaft des Schöpfers der Kern der Auslegung ist, dass wir die Worte des Schöpfers erfahren.

Die Wirklichkeit sieht oft anders aus.

Das haben auch namhafte Theologen des 20. Jahrhunderts erkannt und festgestellt.

Karl Barth meint, dass die Theologie sich zu wenig um die Auslegung der Bibel gekümmert hat. Für ihn ist das alleinige Hören auf das Wort Gottes wichtig.

Leonhard Ragatz geht sogar soweit und meint, dass das Christentum nicht das ist, was Gott wollte. Das von Gott gepredigte Himmelreich wurde herausgenommen.

Und auch Papst Benedikt meint, dass die Kluft zwischen „DAMALS und HEUTE" überbrückt werden muss.

Das sind wichtige Erkenntnisse, die aber von der Kirche nicht beachtet und korrigiert wurden.

Im Laufe der Zeit haben sich verschiedene Völker in ihren Kulturen Religionen geschaffen, die zu ihren Vorstellungen passten und für das Zusammenleben nützlich waren.

Die Ostreligionen gingen eine Verbindung mit ihrem Staat ein und sorgten dafür, dass eine Ordnung für ihre Völker möglich wurde.

Den Chinesen ging es um die Harmonie zwischen Himmel, Erde und Mensch.

Zwei Urpotenzen YANG und YIN bestimmen und bewirken alle Erscheinungen des sich im ständigen Wandel begriffenen Kosmos.

Der WEISE und MORALPHILOSOPH KONFUZIUS hat seinen Chinesen geschriebene Anleitungen gegeben, den Regierenden und jedem Einzelnen, was sie zu tun hatten. Für ihn muss im Menschen ein MORALGESETZ wirken.

Der Hinduismus hat die Menschen in Gruppen eingeteilt, sogenannten Kasten. Diese Kasten bestimmen das Leben und sprechen den Menschen bestimmte Rechte und Pflichten zu, die es gut zu erfüllen gilt, denn gute Taten sind die Voraussetzung dafür, ob das neue Individuum bei der Wiedergeburt in eine höhere Kaste hineingeboren wird. Dies ist dann die Belohnung für seine guten Taten, die er vollbracht hat in seinem bisherigen Leben.

Die westlichen Religionen sind mit ihrem Staat auch eine enge Verbindung eingegangen. Es sind Staatsreligionen geworden.

Ich will die Notwendigkeit von Reformen der Religionen am Beispiel der christlichen Religion aufzeigen.

Wir wissen bereits, dass die Entstehung der Bibel eine sehr schwierige Sache war. Weder Jesus noch seine Jünger hatten schriftliche Aufzeichnungen über sein Tun und Wirken gemacht. Somit ist schon die Frage erlaubt, ob die Texte der Bibel auch wirklich die Worte sind, die Jesus geäußert hat. Wir erfahren viel ÜBER ihn und wenig von seiner Botschaft.

Wir kennen schon die Meinung des Theologen Leonhard Ragatz, der im Christentum nicht das findet, was Christus wollte.

Harte Kritik übt auch der dänische Philosoph KIERKEGAARD. Er wirft der Kirche eine völlige Umbildung und Missachtung der christlichen Botschaft vor.

Wahres Christentum bedeutet eine radikale Absage an die Welt (seine Gedanken beeinflussten die Theologie des 20. Jahrhunderts nachhaltig).

Das zeigt die Notwendigkeit, auf, die Botschaft Gottes so zu offenbaren, dass das wahre Wollen Gottes deutlich erkennbar und zu verstehen ist.

Martin Luther meinte schon, dass die BIBEL auf die Menschen wirken muss. Die Kirche hat für Luther nur den Auftrag, das Wort Gottes zu verkünden. Deshalb muss sie immer wieder reformiert werden.

Der Theologe Rudolf Bultmann meint, es muss eine ANPASSUNG der Lehre an das Denken unserer Zeit erfolgen.

Das Christentum hat ihre eigentliche Aufgabe vernachlässigt und vergessen.

Ebenso wird uns Gott falsch offenbart.

Meine Vorstellung von Gott:

Für ein modernes Weltbild ist ganz wichtig, wie der Schöpfer uns durch die Kirche nahe gebracht und dargestellt wird.

Gott selbst hat die Kirche errichtet, als er Petrus den Felsen nannte, auf dem er seine Kirche bauen wolle. Petrus ist der Vertreter Gottes auf Erden Der Papst ist der Nachfolger von Petrus, also auch der Vertreter Gottes auf Erden. Die Bischöfe sind die Nachfolger der Apostel. Die Kirche hat noch die Priester, die eine besondere Weihe durch den Bischof erhalten, dazugenommen. Sie dürfen mit den Bischöfen, den Kardinälen (Kardinal wird ein besonders tüchtiger Bischof) und dem Papst die Botschaft Gottes predigen.

Und wie sieht der Gott aus, den uns die Kirche vorstellt?

Gott ist der Schöpfer der Welt. Er hat sie erschaffen und sie hat auch ein Ende. Es besteht zwischen dem Schöpfer und seinen Geschöpfen eine fast unüberbrückbare Kluft. Gott ist der, der alles kann, alles weiß und mit Strenge regiert. Er gab über Moses seine Botschaft in den 10 Geboten bekannt. Die Menschen müssen ihr Tun und Lassen, ihr Wollen dem Wollen Gottes unterstellen. Wer das nicht tut, dem drohen unangenehme Strafen wie Fegfeuer und Hölle. Wir Menschen sind Untertanen, die nur Vollzugspersonen sind, die keinen freien Willen mehr haben.

Mit dieser Darstellung kann ich mich nicht anfreunden. Sie ist nicht das, was der Schöpfer in uns Menschen sieht. Er hat uns als besonderes Lebewesen erschaffen, das allen anderen Lebewesen überlegen ist. Er hat uns mit göttlichen Gaben ausgestattet. Er hat uns als Krone seiner Schöpfung gewollt. Wir sind also für den Schöpfer wertvolle Geschöpfe, die er bewusst für bestimmte Aufgaben vorgesehen hat.

Für mich ist Gott kein Diktator. Für mich ist er ein Partner, ein Freund, der mich ernst nimmt. Er geht mit uns eine Partnerschaft ein, bei der jeder seinen Part beitragen muss.

Religion ist eine besondere Beziehung des Menschen zu einem Gott.

Friedrich Schleiermacher definiert Religion so: Er meint, dass Religion „das Gefühl der absoluten Abhängigkeit von Gott" bedeute.

Wenn er damit meint, dass wir ihm unser Dasein verdanken, stimme ich ihm zu. Wir können aber in unserem Tun selbst die Entscheidung treffen, wenn wir wollen. Also fühle ich mich nicht total abhängig von Gott. Das will er auch nicht. Er will, dass wir selbst entscheiden, was wir tun und dass wir dafür die volle Verantwortung übernehmen.

Er hat uns Menschen mit Begabungen und göttlichen Eigenschaften versehen.

Er hat uns alle Voraussetzungen gegeben, die wir für unser Dasein brauchen.

Unser Schöpfer sieht in uns selbstbewusste, denkende und richtig handelnde Geschöpfe. Er will Menschen, die richtige Entscheidungen treffen,

Er will Menschen, die ihren eigenen Wert und ihre Bedeutung erkennen, die mit ihm zusammen daran arbeiten, dass seine Schöpfung erhalten bleibt.

Damit hat der Schöpfer seinen Teil erfüllt. Er überlässt alles Weitere uns Menschen selbst.

Ich finde keine Drohungen, kein Fegefeuer, keine Hölle, kein Jenseits und keine unsterbliche Seele in seinem Wollen. Das sind für mich benötigte Zutaten der Theologen und Kirchenmänner, um ihre Vorstellung vom Christentum zu ermöglichen und deutlich zu machen.

Und nun müssen wir unseren Part erfüllen.

Kurz gesagt: Wir müssen unsere Aufgaben und Pflichten so erfüllen, wie es sich für intelligente Menschen gehört.

Er hat uns einen kleinen Teil seines Universums zuerkannt, für den wir verantwortlich sind, die ERDE. Es liegt allein an uns, ob wir unsere Aufgaben gut oder schlecht erledigen.

Er sagt uns nicht, was wir tun müssen, erwartet aber von intelligenten Menschen, dass sie das Sinnvolle und Notwendige gut und richtig anstreben und tun.

Eigentlich sollte ein intelligentes Geschöpf automatisch das Richtige tun. Intelligenz bedeutet doch, dass ich mein Wissen und Können, meine Fähigkeiten und mein Wollen dafür einsetze, das zu tun, was uns allen nützt, gut und sinnvoll ist und nicht dafür, das zu zerstören, was wir zum Leben unbedingt erhalten müssen.

Gott und die Natur haben uns Menschen zu intelligenten Wesen werden lassen. Beide haben ihre ganze Kraft, ihr ganzes Können verwendet, um uns zur Spitzenleistung der Schöpfung werden zu lassen.

Für beide ist die **INTELLIGENZ** ihre wertvollste Leistung. Denn die Intelligenz ist etwas EWIGES, WERTVOLLES, was nie vergeht, sondern ewig besteht.

Die Wirklichkeit zeigt aber, dass eben noch nicht alle Menschen intelligent handeln. Sie benutzen dieses höchste Gut, ihre Intelligenz, immer noch dazu, alles zu zerstören was gut, richtig und sinnvoll ist.

Unsere Erde ist also der Bereich, für den wir verantwortlich sind.

Für mich ist das Leben auf der Erde wichtig. Nur solange ich lebe, kann ich mein Können und Wissen und meine Intelligenz richtig gebrauchen. Auf der Erde kann ich mitwirken, dass richtige Gesetze gemacht werden, dass das Miteinander und Füreinander gelebt wird. Nur auf der Erde kann ich mithelfen, dass nichts zerstört wird, was erhalten werden muss. Mit dem Tod endet jedes weitere Leben. Das ist bei allen Lebewesen so.

Und der Priester sagt bei der Beerdigung: Aus Staub bist Du geworden, zu Staub kehrst Du zurück. Und damit meint er den ganzen Menschen. Oder?

Warum soll ich ein zweites Leben bekommen, wenn ich nichts mehr tun kann? Das zweite   Leben im Jenseits ist praktisch der Ruhestand der unsterblichen Seele.

Der Ausflug der Seele ins Jenseits ändert nichts mehr an dem, was der Mensch auf Erden getan hat.

Ich meine, wer seine Aufgaben und Pflichten auf der Erde so erledigt, dass er zufrieden ist, der hat richtig gehandelt. In seiner Zufriedenheit erfährt der Mensch seinen Lohn für richtiges Tun. Zufrieden sein bedeutet, es ist alles in Ordnung.

Leben und arbeiten wir so, dass wir zufrieden sein können. Erfüllen wir unsere Aufgaben und Pflichten so, dass wir zufrieden sein können. Wenn uns das gelingt, können wir ruhig unser Ende, unseren Tod erwarten. Wir haben unser Tun und Lassen richtig gemacht. Und der Tod gehört auch zum Leben, er beendet es.

Für das Christentum ist auch die Frage von Bedeutung, ob die Menschen eigentlich in der Lage sind, die GÖTTLICHE OFFENBARUNG zu verstehen und zu begreifen?

Damit beschäftigten sich die Kirchenväter und Theologen von Anfang an. Ob sie zu einem Ergebnis kamen, das werden wir jetzt erfahren.

Der Theologe Albrecht Ritschel meint, dass religiöse Kenntnis keine theoretische Erkenntnis ist, sondern Erkenntnis von Werten. Religion ist ein sittliches IDEAL, das für alle Zeiten gilt.

Im Christentum versteht man unter Glauben die feste Überzeugung von der Richtigkeit der auf göttlicher Offenbarung beruhenden christlichen Lehre.

Die Menschen wollten wissen, ob sie die göttliche Offenbarung mit ihrem Verstand begreifen können.

Kann der Mensch allein durch das Licht der Vernunft diese übernatürlichen Wahrheiten Gottes begreifen?

Es geht also um das Verhältnis der Vernunft zur Offenbarung.

Der Hl. Augustinus lehrte schon, dass der Mensch, wenn er zu Gott finden will, sich vom Materiellen lösen und dem Geistigen zuwenden muss.

Den Theologen des Frühmittelalters geht es darum, die Offenbarung und die Harmonie im Kosmos zu begreifen. Lässt die von Gott gesetzte Ordnung überhaupt ein eigenständiges Handeln des Menschen zu?

Papst Gregor der Große will die Menschen sittlich und religiös erziehen, um diese Frage zu lösen.

Das Hochmittelalter ist geprägt durch die SCHOLASTIK (Schulwissenschaften). Anselm von CANTERBURY (1933 - 1109) klärt das Verhältnis von Vernunft und Offenbarung und bestimmt: Denken und Glauben sind gleichwertig. Es gilt der Satz: Ich glaube, damit ich erkennen kann. Der Mensch ist zur Seligkeit geschaffen, kann diese aber nicht im Diesseits erfahren und bekommen, weil alles sündig ist. Sünde entsteht dadurch, dass man Gott nicht die Ehre gibt, die ihm zusteht.

Vernunft und Offenbarung gehören weiterhin zusammen. Menschliches Denken zielt darauf, über die Offenbarung zu reflektieren. Es gilt bis ins 13. Jahrhundert der Satz: Ich glaube, damit ich erkennen kann.

Die Erkenntnis, dass es Natur und Übernatur gibt, beschäftigt die Menschen jetzt.

Der Mensch hat eine natürliche und eine übernatürliche Begabung. Er kann an der geistigen Natur Anteil nehmen. Die menschliche Vernunft reicht dazu jedoch NICHT aus. Hinzutreten muss Gott mit seiner Offenbarung.

Mit Wilhelm von OCKHAM wird ein neuer Weg eingeschlagen (via moderna). VERNUNFT und OFFENBARUNG sind zwei völlig getrennte Größen, die sich nicht vereinen lassen. Es gibt DOPPELWAHRHEIT. Vernunft und Offenbarung haben ihre eigene Wahrheit. Die Offenbarung ist irrational, ist übernatürliche Wahrheit, an die geglaubt wird, weil sie absurd (sinnlos, sinnwidrig) ist. Mit Denken und Erkennen ist ihr nicht beizukommen. Nur übernatürliche Erleuchtung ermöglicht den Zugang zu ihr.

Nach der Reformation geht der Weg hin zu den hebräischen und griechischen URTEXTEN. Sie brachten neuen Schwung in die Theologie. Luther betrat als erster dieses Neuland. Renaissance und Humanismus waren die Wegbereiter dazu.

In der Aufklärung wollte man sich nicht mehr von der Kirche die Erkenntnis der Welt VORSCHREIBEN lassen. Man wollte mit wissenschaftlichen Erkenntnissen die Welt erklären. Nur das, was sicher nachzuweisen ist, sollte gelten. Gott ist nicht mehr der Gott der Theologie, sondern der Gott, der von der VERNUNFT erkannt wird (und das ist auch heute wieder die Meinung vieler Menschen).

Nach DESCARTES ist die Vernunft in der Lage, richtig zu erkennen. Sittliches Verhalten ist wichtig. Das Abhängigkeitsgefühl von der Kirche schwand. Er meint weiter, dass Jesus eine vernünftige Religion verkündet hat, die erst seine Anhänger verfälscht haben.

Zu Beginn des 19. Jahrhunderts fand eine geistige Erneuerung der Kirche statt. Die kirchliche Kraft war stark genug und bedurfte der politischen Hilfe nicht mehr.

Die Beweiskraft Gottes, die Möglichkeit der Erkenntnis Gottes, das Verhältnis Offenbarung und menschliche Vernunft, das alles wurde eifrig diskutiert.

Um das alles zu verstehen, hat Gott den Menschen zwei Erkenntnisquellen gegeben: die VERNUNFT und die OFFENBARUNG.

Man suchte jetzt nach Autoritäten, die in einer sich rasch veränderten Welt HALT boten.

(Anmerkung des Autors: Eine richtige Erkenntnis, die gerade in unserer Zeit auch wieder aktuell ist und beantwortet werden muss)

Und nun kommen die Kritiker der christlichen Lehre zu Wort.

Da ist einmal der dänische Theologe und Philosoph SÖREN KIERKEGAARD. Er meint, dass Christentum keine Lehre ist, sondern ein Glaube und seine Nachfolge. Viele Generationen streichen vom Christentum immer mehr ab, machen es milder und sanftmütiger, so dass es am Schluss nicht mehr Christentum ist. Er wirft der Kirche eine völlige Umbildung und Missachtung der christlichen Botschaft vor.

Der Theologe Albrecht RITSCHEL meint, religiöse Erkenntnis ist Erkenntnis von WERTEN. Das Reich Gottes ist ein sittliches IDEAL, das für alle Zeiten gilt.

Der Theologe Karl Barth übt harte Kritik an der liberalen Theologie. Für ihn ist das alleinige Hören auf das Wort Gottes wichtig. Die Theologie hat sich zu wenig um die Auslegung der Bibel gekümmert.

Die Theologen bemühten sich, herauszufinden, ob unser Verstand, unsere Vernunft ausreicht, um die übernatürliche Offenbarung zu verstehen. Die Theologen sind sich nicht einig.

Ohne Glauben wird es wohl nicht gehen.

Was muss für das neue Weltbild alles berücksichtigt werden?

Ein neues Weltbild ist nicht einfach zu errichten. Wir müssen vieles beachten, damit wir die vorhandenen Unterschiede in unserer modernen Welt möglichst alle berücksichtigen.

In unserem Weltbild muss die Intelligenz, die nur wir Menschen zurzeit in hohem Maße besitzen, deutlich erkennbar sein.

Wir Menschen müssen unser Schicksal selber gestalten. Wir bestimmen, was auf der Erde geschieht und wir müssen dann damit leben.

Wir müssen beachten, dass Menschen mit und ohne religiöse Bindung auf der Erde leben. Wir müssen daran denken, dass viele kleine und 5 große Religionen bestehen. Wir dürfen nicht vergessen, dass unser Weltbild den ganzen derzeitigen Wissensstand beinhalten muss. Wir müssen bedenken, dass wir in der Sprache und der Denkweise unserer Zeit unser Weltbild errichten müssen.

Die Frage ist: Können wir das schaffen und wie ist es zu verwirklichen?

Wir haben zurzeit viele Religionen mit vielen verschiedenen Göttern.

Und das erschwert ein gemeinsames Zusammenfinden. Was wir heute unbedingt anstreben müssen ist folgendes:

Diese Religionen müssen ihren gegenseitigen Hass aufgeben und eine vernünftige Zusammenarbeit anstreben.

Sie müssten auch ihre Hl. Schriften entrümpeln und auf die Botschaft des Schöpfers ausrichten. Es würde ein einziges Gebot für alle ausreichen, und das heißt: „Tu das GUTE und meide das BÖSE"! Eine verständliche Offenbarung dieses Gebotes sollte die Aufgabe der Religionen werden. Dieses Gebot muss im Mittelpunkt aller Religionen stehen. Das wäre eine Botschaft, die alle Menschen verstehen, wenn sie ihnen richtig offenbart wird. Sie müssten sich wieder besinnen, dass es nur einen Schöpfer der Welt gibt, dass er nur eine Botschaft predigte: „Ich will ein Reich schaffen, in dem Gerechtigkeit für alle Menschen herr-schen soll".

Was haben sie bisher getan? Kriege gegeneinander geführt, Menschen gezwungen, ihren freien Willen aufzugeben, Ihr Ziel war, ihre weltliche Macht zu vergrößern.

Noch heute bestimmen sie in vielen Staaten in der Politik mit.

Das könnten sie auch weiterhin, wenn Frauen und Männer ihrer Religion sich zur Wahl stellen und religiöse Werte mit einbringen, wie sie es bisher schon können. Aufgabe der Religionen ist es, die Botschaft Gottes zu offenbaren.

Eine Rückbesinnung auf diese, ihre eigentliche, Aufgabe ist unbedingt notwendig.

Die Religionen sollten auch wissen, dass sie nur für eine bestimmte Zeit auf die Menschen einwirken können. Es sei denn, sie passen sich ständig der Zeit, dem Denken der Menschen dieser Zeit, an und predigen ihre Botschaft in einer verständlichen Sprache. Tun sie das nicht, dann verschwinden sie wieder wie viele andere vor ihnen. Sie sollten also bereit sein, in ihre Hl. Schriften die neuesten Erkenntnisse einzubeziehen und dem Denken der Zeit anzupassen.

Die derzeitigen großen Religionen sind noch nicht das Ende der geistigen Entwicklung der Menschen. Sie sind auch nur eine zeitlang notwendig und vergehen dann wie alles im Universum. Buddha sagt doch: Alles Werdende, alles Seiende ist vergänglich. Und er sagt auch, dass das, was er jetzt erkennt , nur 500 Jahre gültig sein wird. Und auch Papst Benedikt XVI meint, dass die Verantwortlichen der Kirche sich fragen und besinnen müssen, warum die den Glauben nicht so verkünden können, dass er auf die Fragen antwortet, die heute da sind.

Auf der Suche nach neuen Werten helfen uns schon die 10 Gebote.

Einige gelten für alle Zeit, in der Menschen leben. Du sollst nicht töten, du sollst nicht lügen und stehlen. Dazu kommen alle Werte, die in dem Satz: Tu das Gute und meide das BÖSE enthalten sind.

Was sagt uns dieses Gebot?

Versuche, in allem was du tust, das Gute zu tun.

Dieses Gebot kann man für alle Bereiche des Lebens anwenden und verwirklichen. Es ist für alle Menschen von Bedeutung. Ich denke, dass mit diesem Gebot die Botschaft des Schöpfers sehr anschaulich und verständlich zu predigen ist.

Das alles könnte jetzt endlich richtig angegangen werden, wenn die Religionen zu den notwendigen Reformen bereit wären. Und besonders das Christentum könnte endlich eine neue Bibel schreiben, die auf den wirklichen Tatsachen beruht. Geheimnisse, Unklarheiten und Widersprüche kommen bei modernen Menschen nicht mehr an.

Niemand weiß, ob das, was wir heute für richtig halten, auch richtig ist. Wir haben schon oft nachbessern müssen und werden es in Zukunft auch weiterhin tun müssen.

Religionen sollten doch den Menschen Hilfen geben, dass sie sich in ihrem Dasein zurechtfinden. Also müssen sie doch die Botschaft des Schöpfers so predigen, dass die Gläubigen sie auch verstehen und verwirklichen wollen.

Wir werden die Suche nach der Wahrheit wohl nie beenden können.

Mit der Intelligenz kann der Besitzer, wer es auch ist, immer nur mit seinem derzeitigen Wissen und Können versuchen, ein verständliches Weltbild für seine Zeit zu erstellen. Es wird wohl nie ein letztes möglich sein, weil alles im Fluss ist und sich verändert.

Wir wissen nicht, wie wir und unsere Erde in ein paar Millionen Jahren aussehen werden. Es werden ganz andere Probleme zu lösen sein als wir sie haben, und die verlangen eine andere Intelligenz.

Es sind die Religionen nicht allein, die zu Reformen bereit sein müssen. Auch von Politikern erwarten wir richtiges und sinnvolles Handeln.

Es muss bei den Politikern aller Staaten eine Solidarität entstehen. Sie müssen endlich begreifen, dass sie für das Wohl aller Menschen verantwortlich sind. Sie müssen dafür sorgen dass in allen Ländern endlich die Menschenrechte beachtet werden, dass keine Menschen mehr verhungern, vertrieben oder gar getötet werden.

Sie müssen dafür sorgen, dass wieder menschliche Arbeitsplätze geschaffen werden. Arbeitsplätze, die uns nicht krank machen. Sie müssen dafür sorgen, dass nichts zerstört wird, was wir zum Leben brauchen.

Das sind Ziele, die nicht von heute auf morgen verwirklicht werden können. Aber sie müssen angestrebt werden.

Die Probleme sind heute global und müssen auch gemeinsam gelöst werden. Notwendig sind: Gemeinsames Planen, ein Miteinander und Füreinander.

Es darf keine Kriege mehr geben, keine Waffen dürfen mehr hergestellt und verkauft werden. Die Menschen müssen friedlich zusammenarbeiten und -leben können.

Ich weiß, das sind erstrebenswerte Ziele, die wohl nie ganz in Erfüllung gehen können. Doch sie müssen im Bewusstsein der Politiker vorhanden sein und ihr Tun bestimmen.

Es geht heute und in Zukunft darum, die Art Mensch und seinen Lebensraum zu erhalten. Und das können wir nur, wenn unser Tun und Lassen sinnvoll ist.

Uns geht es heute doch in erster Linie um Rekorde, Wirtschaftswachstum, Höchstleistungen und Prozente. Das sind für viele (und besonders für Politiker) die Ziele.

Wohlstand um jeden Preis muss her! Wir haben uns verrannt in den Fortschritt (der oft gar keiner ist), träumen von einem schönen Leben.

Uns soll es gut gehen. Und das wollen wir auch weiter behalten. Man trennt sich schwer von dem, was man einmal hat. Unser Denken und Tun ist egoistisch und zu eng.

Wir müssen uns von einer Traumwelt verabschieden und zur Realität zurückkehren, und die verlangt andere Ziele und Schwerpunkte.

Mit unserer Sucht nach Neuem bringen wir die Hersteller in Zugzwang. Sie stellen Erzeugnisse her, die schlecht sind.

Was nützen einer Wirtschaft Autos, die auf Halden verrosten? Notwendige und gute Erzeugnisse sind gefragt, Gebrauchsgegenstände für die Entwicklungsländer sind notwendig.

Ich weiß, dass sie als Leser jetzt sagen: Wo lebt denn dieser Schreiber? Lebt der denn hinterm Mond und sieht den Fortschritt nicht, der unser Leben angenehmer und lebenswerter macht?

Nein, er lebt bewusst in der Gegenwart, sieht aber, dass nicht jeder Fortschritt auch einer ist. Er sieht die Gefahren, die in jedem Fortschritt lauern und will darauf aufmerksam machen. Er will, dass wir nachdenken, bevor wir Entscheidungen treffen.

Zulange haben wir nach dem zweiten Weltkrieg geglaubt, jetzt sind die Menschen endlich klug geworden, haben die Menschen begriffen, was Kriege und Gewalt für Elend, Not und Unmenschlichkeit mit sich bringen.

Und es ging ja auch gut los. Aus Todfeinden wurden gute Nachbarn, ehemalige Feinde halfen beim Wiederaufbau. Friedensverträge, wirtschaftliche Zusammenarbeit brachten die Menschen enger zusammen.

70 Jahre lebte die Welt einigermaßen in Frieden. Bei Katastrophen helfen die reichen den armen betroffenen Ländern. Da keimte doch etwas Hoffnungsvolles heran.

Es geht doch, wenn die Menschen nur wollen.

Und so entstand in Europa und den mächtigen Staaten (Russland, Amerika, der KALTE KRIEG wurde beendet) gegenseitiger Respekt. Wir erlebten einen ungeheuren Aufschwung und Wohlstand, den wir zu unserem neuen „GOTT" erkoren.

Wir bemerkten zu spät, dass es viele Staaten gab, bei denen Unruhen entstanden. Diese Staaten waren nach der Kolonialzeit entstanden. Die Grenzen wurden willkürlich gezogen, und so lebten Minderheiten und die Mehrheit der Menschen zusammen. Diese Staaten wollten eine einheitliche Bevölkerung und unterdrückten die Minderheiten. Unruhen entstanden.

Man vergaß auch, dass es viele Völker gab, denen es schlecht ging. Die waren aber informiert, in welchem Wohlstand die Menschen in den Industriestaaten lebten.

In vielen dieser Länder wurden die Minderheiten vertrieben, sind auf der Flucht und suchen sich eine Bleibe.

Tatsache ist: Die heutigen Probleme waren nicht erkannt worden. Die armen Menschen   wollen teilhaben an diesem Wohlstand der reichen Länder. Das Flüchtlingsproblem begann. Heute sind 65 Millionen Menschen auf der Flucht, und es werden täglich mehr. Sie machen sich auf den Weg nach Europa.

Diese Entwicklung haben wir nicht erkannt. Wir haben nur an uns gedacht.

Ich habe mich bemüht aufzuzeigen, wie notwendig für uns heute ein neues modernes Weltbild ist. Es muss ein Weltbild sein, in dem Ehrlichkeit, Wahrheit, Gerechtigkeit, Sicherheit die Grundlagen für die Wirtschaft und das Zusammenleben der Menschen sind.

Ich habe versucht, all das zu nennen, was wir besser machen müssen und können.

Nun ist es Aufgabe jedes einzelnen Menschen, der Politiker, der Religionen, mitzuhelfen, dass wir uns eine Zukunft schaffen, in der es sich lohnt mitzuarbeiten, dass wir Menschen das tun, was uns allen nützt und nicht schadet.

Vergessen sollten wir jedoch nicht, dass es auch Menschen gibt, die wissen, was zu tun ist, und doch das Böse tun.

Ich glaube, so wie es in der Natur, im Universum, gute und schlechte Kräfte gibt, so wirken auch in uns Menschen gute und böse Kräfte. Da wir ein Stück Natur sind, ist dies anzunehmen und verständlich.

Nun kann es sein, dass bei manchen Menschen diese bösen Kräfte durchbrechen und sie zwingen, Böses zu tun. Wir sollten nicht vergessen, dass wir auch erblich niedrige Instinkte mitbekommen haben, wir sind aus der Gruppe Tiere geworden. Tiere können nicht entscheiden, ob ihr Tun gut oder schlecht ist. Der Löwe fragt das junge Zebra nicht, darf ich dich fressen? Er frisst es. Danach legt er sich faul unter einen Baum und döst vor sich hin. Jetzt hätte das Zebra ganz nah an ihm vorbeiziehen können, es wäre nicht getötet worden. Der Löwe kann nicht entscheiden, ob er das tun darf, er muss es tun.

Der Anlass bei uns Menschen ist nicht der Hunger, sondern die Gründe können vielschichtig sein. Aber manchmal benimmt sich der Mensch so, wie das Tier, wenn es Hunger hat. Er tut etwas Böses.

Und diese böse Kraft lauert in jedem Menschen und wartet auf seine Chance.

Der Mensch muss nichts Böses tun, er kann es. Er hat einen Willen, ein Gewissen und beide fallen manchmal aus, dann geschehen schreckliche Dinge.

Junge Menschen haben oft keine Arbeit und fallen auf gute lukrative Angebote und Versprechungen herein.

So wird den islamischen Selbstmordkandidaten versprochen, nach ihrer Tat sofort als Bevorzugte in die Himmlischen Gärten zu kommen, wo viele junge Mädchen auf sie warten. Andere finden sich im Leben oder der Schule nicht zurecht oder wollen auch einmal etwas machen, was die Aufmerksamkeit der Menschen erweckt. Sie wollen auch einmal im Mittelpunkt des Geschehens stehen.

Viele ertragen auch die MOBBEREI in der Schule nicht oder wollen sich an Lehrkräften rächen. Und es gibt auch kranke Menschen, die schlimme Taten verüben.

Ich kann nicht alle Probleme aufzeigen, die uns Schwierigkeiten machen und beende den Teil zwei meiner Arbeit und widme mich dem dritten Teil.

Teil III

Mit welchen akuten Problemen müssen wir Menschen in Zukunft leben?

<u>Mich bewegen noch einige andere Probleme unserer Zeit.</u>

Was mir großen Kummer bereitet ist der Zerfall und die Auflösung unseres Rechtsstaates und unserer bisherigen Ordnung.

Es hat lange gedauert, bis die Menschen sich eine Ordnung und eine vernünftige Möglichkeit geschaffen haben, die in den Menschenrechten und der Demokratie zu erkennen sind. Diese wertvollen Erkenntnisse sind heute in großer Gefahr, wieder verloren zu gehen.

Wir stellen heute fest, dass Gesetze, Vorschriften, Verträge, Vereinbarungen, Abkommen nicht mehr ernst genommen werden, sondern gebrochen und nicht eingehalten werden. Wir erleben immer wieder, dass die Menschenrechte in vielen Ländern noch nicht oder nicht mehr beachtet werden. Kriege, Morde, Vertreibungen, Hungersnöte, Grausamkeiten nehmen zu. Probleme werden immer noch mit Gewalt gelöst.

Das sind keine guten Voraussetzungen für ein Zusammenleben und für Frieden. Und ohne Ordnung geht es nicht, herrscht das Chaos.

Wir lassen zu, dass wenige Menschen diese wertvollen Grundrechte missachten und zerstören. Wir sind zufrieden, wenn wir auf dem Papier Vereinbarungen und Zugeständnisse erreichen.

Es ist höchste Zeit, dass wir aus unserer Lethargie und unseren Träumen erwachen.

Wir sind mit dem, was uns die Regierungen bieten zufrieden, uns geht es gut.

Die Regierungen der Industriestaaten glaubten, mit ihrer Politik zufrieden sein zu können: Die Wirtschaft boomt, es gibt genug Geld, unser Wohlstand wächst.

Und jetzt kommt plötzlich das große Erwachen.

Jeden Tag erreichen uns neue Meldungen, die deutlich machen, dass unsere Autos, unsere Geräte, unsere Lebensmittel ja gar nicht so sind, wie sie sein sollten und müssten.

Wir müssen erkennen, dass unser Wohlstand, unser Fortschritt nicht ehrlich durch gute Arbeit erreicht wurde, sondern dass Versprechungen, Lügen und Betrug, falsche Aussagen und Veröffentlichungen die Voraussetzungen für unser Wirtschaftswachstum sind.

Wir alle sind belogen und betrogen worden.

Quo vadis, Mensch?

Die Schuld ist nicht nur bei den Bossen der Autoindustrie, den Herstellern der Lebensmittel zu suchen, sondern auch bei uns und besonders bei den Fachministern. Sie lassen sich oft mit Versprechungen abspeisen.

Viele Menschen glauben immer noch, dass Fortschritt nur Gutes hervorbringen kann. Die Verbraucher und die Regierungen haben vergessen, dass der Wohlstand auch Gefahren in sich birgt. Wir haben vergessen zu kontrollieren, zu prüfen und nachzudenken.

Die Industriebosse, Finanzbosse und die Hersteller von Lebensmitteln umgehen die vorgegebenen Richtzahlen, Beschlüsse und Vorgaben der Regierung. Sie sind es, die Spitzengehälter verdienen, und wenn sie wegen Unfähigkeit entlassen werden, dann bekommen sie noch ein paar Millionen für ihre schlechte Arbeit dazu.

Quo vadis, Mensch?

Die Autohersteller müssen nachrüsten, die Nahrungsmittelhersteller müssen Millionen Eier und Hühner entsorgen, weil beide mit Insektengift verseucht sind. Skandale gab es schon genug bei der Fleischherstellung und -verwertung. Tierschützer klagen schon seit ewiger Zeit die Zustände der Massentierhaltung an.

Schlimm ist die Tatsache, dass wir Menschen von den verseuchten und vergifteten Erzeugnissen krank werden. Schlimm ist es, dass wir gar nicht wissen, was wir alles essen.

Menschliches Vertrauen schwindet. Wir bekommen kaum noch unvergiftete Lebensmittel, wir bekommen wenig gute technische Geräte und Fahrzeuge.

Quo vadis, Mensch?

Vieles könnte vermieden werden. Warum verbietet man die Massentierhaltung nicht?

Warum lassen wir der Industrie nicht die nötige Zeit, gute Autos, gute technische Geräte zu entwickeln? Wir sind an ihrer Unehrlichkeit auch mit schuld, weil wir immer wieder neue Autos erwarten und verlangen.

Hier gleich noch einen Satz zu unserem Klimaproblem.

Wir sind es, die unsere Luft verpesten, wir sind schuld an den raschen Wetterstürzen, den Sintfluten unserer Zeit.

Unsere Autos, unsere Viehhaltung, unsere Heizungen sind es, die die Atmosphäre so verschlechtern, dass die Menschen in den Städten ohne Mundschutz nicht mehr atmen können.

Unbekannt ist vielen Menschen, dass alle Luxusschiffe zusammen, die so wunderbare Erholungsreisen anbieten, genau soviel Schadstoffe in die Luft abgeben, wie alle Autos zusammen.

Wollen wir denn alles zerstören, was wir zum Leben brauchen?

Was machst du Mensch mit deiner Intelligenz? Wozu gebrauchst du sie?

Quo vadis, Mensch?

Mit großer Sorge sehe ich auch, wie die Familie und die Ehe langsam zerfallen und ihre Bedeutung verlieren.

Unsere Gesellschaft und Wirtschaft lässt oft die Großfamilie nicht mehr zu. Die Tendenz geht zur Kleinfamilie mit einem oder ein paar Kindern. Die Anzahl der Singles nimmt zu. Unverheiratete Frauen wollen auch ein Kind. Und damit beginnen die Probleme. Auch Familien, in denen beide Elternteile arbeiten müssen, haben Sorgen.

Fazit: Kinder wachsen auf, ohne erlebt und gelernt zu haben, was für ein Zusammenleben notwendig ist. Es fehlen ihnen Kenntnisse und Erfahrungen, die für ein Miteinander und Füreinander notwendig sind.

Dazu kommt neuerdings, dass es auch Familien gleichgeschlechtlicher Menschen gibt.

Diese passen eigentlich nicht zu dem Begriff Ehe. Hier geht es um die rechtliche Gleichstellung.

Sie wollen steuerlich gleich behandelt werden wie Ehepaare, bringen aber dem Staat nicht das, was er braucht: Kinder. Sie fallen also für die Fortpflanzung aus.

Gott und die Evolution haben für unsere Zeit zwei Partner vorgesehen, die für die Fortpflanzung sorgen. Das sind Frau und Mann. Das war nicht immer so und wird auch nicht so bleiben.

Die Evolution hat Jahrmillionen dazu gebraucht, bis von der ersten Fortpflanzung (da teilte sich die Zelle selbst) die heutige Art geworden ist.

Wir Menschen haben ihr das Heft aus der Hand genommen. Wir können heute schon in Retorten die Befruchtung vollziehen und den Embryo werden lassen.

Dieser Zerfall der Familie und der Ehe bringt eine Reihe von Problemen und Nachteilen mit sich.

Und schon bin ich bei einem anderen Thema, das einer raschen Lösung bedarf.

Alle Politiker und alle Parteien stellen plötzlich fest, dass für unser Bildungssystem mehr Geld ausgegeben werden muss, denn eine gute Erziehung und Bildung der Jugend ist in Zukunft sehr wichtig.

Bravo, bravo, denn sie haben richtig erkannt, was notwendig ist.

Was ist passiert?

In den letzten Jahrzehnten hat sich unsere Gesellschaft stark verändert. Und mit ihr auch die Situation der Schule.

Unsere Kinder wurden in der Grundschule, der Hauptschule, der Realschule und dem Gymnasium unterrichtet. Sie wurden für ihre Berufe vorbereitet. Das gilt auch heute noch.

Die Kinder finden die richtige Schule, die ihren Begabungen und Wünschen entspricht. Besonders begabte Kinder können in eine höhere Schule überwechseln, so dass jedes begabte Kind die Möglichkeit hat, Fachabitur oder das normale Abitur zu erreichen.

Dieser frühere Aufbau, zu dem noch die Mittelschule dazukam, genügt auch heute noch. Verändert müssten vielleicht die Schwerpunkte im Fächerangebot werden. Dieses Schulwesen entspricht der Realität, dass nicht alle Kinder gleich begabt und veranlagt sind.

Verändert hat sich das Verhältnis Eltern - Schule, die Mitarbeit und das Interesse der Eltern an der Schule.

Es gibt heute noch intakte Familien, in denen Eltern mit ihren Kindern so zusammenleben, wie es sein sollte. Hier gibt es auch keine Probleme mit der Schule.

Kinder leben aber auch in Familien, in denen Vater und Mutter arbeiten müssen. Eltern haben keine Zeit für ihre Kinder. Diese wachsen allein als Schlüsselkinder auf. Hier können Probleme entstehen.

Es gibt Alleinerziehende, die ihre Kinder schon im ersten Jahr in die Hände anderer Menschen geben müssen.

Den Kindern fehlen also die Eltern. Sie werden von den Eltern vertröstet, indem diese sie mit reichlichem Taschengeld versorgen, ihnen ihre Wünsche erfüllen, ihnen die Benutzung des Fernsehers erlauben.

Ganz schlimm sind die Kinder dran, deren Eltern auseinander gegangen sind. Die Kinder besuchen beide und werden von beiden verwöhnt. Mutter und Vater zeigen ihre Liebe, indem sie ihnen alle Wünsche erfüllen. Diese Kinder haben nie eine richtige Bezugsperson, richtige Vorbilder gehabt.

Die Situation der Lehrkräfte.

Es sind vor allem die Lehrkräfte der Haupt- und Mittelschule, die mit solchen Kindern arbeiten müssen.

Es gibt Kinder, die bisher von ihren Eltern alles bekommen haben, ohne sich anstrengen zu müssen. Warum sollen sie sich in der Schule anstrengen?

Sie haben nie gelernt, dass man im Leben nichts ohne Fleiß, Anstrengung, Ausdauer geschenkt bekommt. Sie haben nie mit anderen teilen, auf etwas verzichten müssen. Sie haben an der Schule kein Interesse, sie weigern sich, mitzuarbeiten, anderen zu helfen, Probleme friedlich zu lösen.

Weil sie alles haben, was ein junger Mensch haben will, sind sie bei den anderen Mitschülern geachtet und bestimmen, was in der Klasse geschieht.

Sie haben keinen Bock zu lernen.

Was bedeutet das für die Lehrer?

Sie bereiten den Unterricht gewissenhaft vor, möchten mit den Schülern einen lebendigen Unterricht erleben, möchten, dass die Schüler mittun, mitdenken, mitgestalten. Möchten Erfolge erzielen, möchten erleben, dass ihre Anstrengungen, ihr Bemühen auch anerkannt und erfolgreich ist. Und was erleben sie? Dass sie alleingelassen werden, dass Schüler uninteressiert sind an ihrer Arbeit. Der Lehrer erlebt keinen Erfolg in seinen Bemühungen, er bekommt kein Echo für seine Arbeit. Und so etwas macht die Lehrkräfte krank. Ihre Arbeit ist sinnlos.

Ein Lehrer braucht heute viel mehr Zeit, sich ordentlich vorzubereiten, er muss immer den neuesten Stand der Dinge haben, er muss die schriftlichen Aufgaben vorbereiten und korrigieren, er muss an Konferenzen teilnehmen, er muss schulische Veranstaltungen mitgestalten, auch an Samstagen oder Sonntagen. Er muss die Schüler beobachten, ihre Begabungen erkennen, ihre Schwächen sehen und mit ihnen darüber sprechen. Er muss aufmuntern, Verständnis zeigen und muss sich dann fragen: Wozu das alles, wenn die Kinder kein Interesse an meiner Arbeit haben?

Das kann man nur schwer ertragen. Und dann wird er vom Schulleiter noch beurteilt.

Er muss feststellen, dass das, was er erreichen wollte mit dem, was er erreicht hat, nicht übereinstimmt. Und das ist deprimierend.

Die Lehrkräfte der Grundschule müssen jetzt für die Schüler der 1. und 2. Klasse eine schriftliche Beurteilung erstellen. Zum Jahreszeugnis bekommen die Zweitklässler noch eine Note dazu. Für die 3. und 4. Klassen sind Noten und schriftliche Beurteilungen vorgesehen.

Diese schriftlichen Beurteilungen werden mit dem Schüler und den Eltern gemeinsam besprochen.

Die Kinder sollen sich selbst beurteilen. Damit sind viele total überfordert. Niemand kann sich selbst beurteilen. Beurteilt wird die Leistung eines Menschen, und das muss ein anderer tun. Selbst kann man nur sagen, was man gerne tut oder nicht tut. Man kann sich höchstens selber loben oder tadeln.

Für mich ist diese doppelte Beurteilung sinnlos. Der Lehrer erkennt die Begabungen, erkennt seine Einsatzkraft, seine besonderen Fähigkeiten, seine Bemühungen, den Leistungswillen des Schülers.

Und aus diesen Erkenntnissen erstellt er seine Noten. In einer kurzen Zeugnisbemerkung (so wie es bisher war) werden doch Besonderheiten deutlich genannt.

Die Bewertung in Noten und der kurzen Bemerkung genügen voll und ganz, einen Schüler zu charakterisieren und zu beurteilen.

Die Entscheidung, auf welche Schule das Kind gehen soll, erfolgt erst nach der 4. Klasse. Und wenn dann die Eltern einen Rat brauchen, stehen der Klassenlehrer und der Beratungslehrer zur Verfügung.

Und für den Übertritt sind in erster Linie die Noten wichtig und entscheidend.

Mit dieser Verfügung werden den Lehrern zusätzliche Arbeiten aufgebürdet. Diese schriftliche Arbeit dauert für einen Schüler mindestens eine Stunde. Bei 30 Schülern sind das 30 Stunden. Und die muss der Lehrer in etwa 14 Tagen zusätzlich bringen. Ein Arbeiter, der 8 Stunden am Tag arbeitet, müsste 4 Tage mehr arbeiten. Wo soll die Lehrkraft diese 4 Tage herbringen? Das kann nur mit Samstags- und Sonntagsarbeit und Nachtarbeit geschehen.

Lehrkräfte brauchen auch Freizeit zur Erholung vom Stress des Tages. Die Folgen sind bereits sichtbar: Schon junge Lehrkräfte werden krank.

„Burn out" nennt man diese Krankheit.

Fachleute für Erziehung und Beratung und Beurteilung sind die Lehrer. Und die sind so ausgebildet, dass sie ihre Arbeit gut machen können.

Wir brauchen junge Menschen, die sich wieder an Ordnung, Gesetze, Verträge halten, die alle Gewalt ablehnen, die bereit sind, miteinander und füreinander zu arbeiten. Wir brauchen Menschen, die zum Fortschritt ja sagen, solange er nicht unser Leben und die Umwelt gefährdet. Wir brauchen Menschen, die ihr Tun und Lassen kontrollieren und selbst sinnvoll gestalten. Wir brauchen kluge, gescheite Menschen, die ihre Intelligenz dazu benutzen, das zu erhalten, was wir brauchen, um leben zu können. Wir brauchen Menschen, die sich Werte schaffen, die sinnvoll sind, von allen akzeptiert werden und von allen verwirklicht werden können.

Und dazu ist die Zusammenarbeit der Eltern mit der Schule notwendig.

Das Kultusministerium sollte die Lehrer nicht überfordern mit zusätzlichen nicht notwendigen Arbeiten.

Die Parteien müssen Verhältnisse schaffen, dass in den ersten drei Jahren ein Elternteil ohne finanzielle Nachteile die Betreuung des Kindes übernehmen kann.

Die Eltern müssen sich wieder Zeit nehmen für ihre Kinder und echte Vorbilder für sie sein. Der Kultusminister sollte mehr Vertrauen zu seinen Lehrern haben, sie für geeignet halten, die Schüler richtig beurteilen zu können.

Nun möchte auch noch die Frage untersuchen:

Ist die Technik Segen oder Fluch für die Menschheit?

Niemand kann leugnen, dass technische Geräte unser Leben erleichtern, angenehmer machen. Niemand kann verhindern, dass die Technolution in Zukunft immer mehr unser Leben prägen, beeinflussen und beherrschen wird. Das sagen die Wissenschaftler. Wir nicken mit dem Kopf und nehmen das zur Kenntnis. Für uns gilt der Satz: Ich kann doch nichts ändern. Das stimmt, solange wir nichts tun. Wir suchen einen Grund, um unser schlechtes Gewissen zu beruhigen. Wir ärgern uns über das Tun anderer, sind aber selbst nicht bereit, auf etwas zu verzichten.

Vor wenigen Jahrzehnten fragten wir uns noch: Können wir das machen, was wir wollen? Heute lautet die Frage: **Dürfen wir das machen, was wir wollen und können?**

Technik darf nur eingesetzt werden, wenn sie uns nicht schadet, wenn sie nicht das zerstört, was wir für unser Leben brauchen.

Fortschritt muss kontrolliert werden. Fortschritt ist nicht immer gut.
Wenn uns durch Computer und technische Geräte das Tempo aufgezwungen wird, das uns krank macht, wenn uns technische Geräte den Arbeitsplatz wegnehmen, wenn technische Erzeugnisse zur Zerstörung dienen, dann ist Technik abzulehnen.

Wissenschaftler wollen immer nur Neues erfinden und entdecken, sie interessiert nur der Fortschritt.

In Amerika lebt der Wissenschaftler Ray Kurzweil, und der sagt: Was gedacht wird, ist dazu bestimmt, gemacht zu werden.
Und er hat gedacht und ist dabei, eine künstliche Intelligenz zu schaffen.

Er füttert Roboter mit menschlicher Intelligenz und macht sie dadurch zu intelligenten Wesen, die eines Tages klüger sind als wir. Und es ist absehbar, dass ihm das auch gelingt. Seine Fortschritte sind deutlich zu erkennen.

Was bedeutet das?

Die Roboter nehmen menschliche Züge an und werden die Intelligenz der Menschen bald übertreffen.
Der Mensch wird zur Maschine. Er wird nicht mehr gebraucht, er ist überflüssig geworden. Die Roboter sind so klug, dass sie die Herrschaft übernehmen und bestimmen, was geschieht. Wunderbare Aussichten!.

Es gilt dann nicht mehr: Quo vadis, Mensch?, sondern es muss gefragt werden: **Mensch, wo bist du?**

Hier sind die Politiker gefragt.

Eine ähnliche Situation haben wir schon gehabt, als die Atombombe hergestellt werden konnte. Die Politiker wollten sie, und jetzt können die Besitzer die ganze Welt damit vernichten. Und wir leben in ständiger Angst, dass sie verrückte Menschen wieder abwerfen lassen.

Es gilt heute noch das, was der Volksmund sagt: Vertrauen ist gut, Kontrolle ist besser.

Meine lieben Leserinnen und Leser!

Ich hoffe, sie haben nun genug Themen und Fragen, die Sie zum Nachdenken anregen.

Erst wenn der Mensch über eine Sache nachdenkt, erfährt er ihre Bedeutung. Und da wir wissen, was wir in unserer Zeit tun müssen, was unbedingt geschehen muss, gibt es keine Ausrede mehr für unser Nichtstun.

Diese Darstellung ist keine neue Lehre oder Religion, die man glauben muss. Es sind nur die Erkenntnisse eines alten Mannes, der mit seiner Intelligenz versucht hat, herauszufinden, was in der Welt so passiert und wie sich der Mensch, die Krone der Schöpfung, zu den Ereignissen verhält, ob er verstanden hat, was wir Menschen zu tun haben, um unsere Zukunft und die unserer Kinder zu sichern.

Vielleicht ist es mir gelungen, auch Sie zum Nachdenken anzuregen.

Dann hätte sich meine Arbeit gelohnt.

Zum Schluss möchte ich noch einen großen griechischen Denker zu Wort kommen lassen, es ist SOKRATES. Er hat ein Leben lang nach dem Sinn einer Sache und nach der Wahrheit gesucht und bekennt am Schluss: „Ich weiß, dass ich nichts weiß"! Und eine weitere Erkenntnis lautet: „Wie viele Dinge es doch gibt, die ich nicht brauche"!

Und für uns Menschen hat er noch eine gute Erkenntnis parat:

„Nicht das Leben ist das Höchste, sondern ein gutes und gerechtes Leben ist wichtig. Der Mensch sollte sich in den Tugenden üben und sollte über sich selbst NACHDENKEN und den SINN seines Lebens erkunden"!

Mit dem Nachdenken wird das Leben erst interessant (dieser letzte Satz stammt von mir).

Ich hoffe, dass Sie bald damit beginnen und viel Freude dabei haben.

Das wünscht Ihnen der Autor dieses Buches

Max Denzinger

Arnstein im August 2017

In vielen Gesprächen mit Menschen habe ich festgestellt, dass sie, obwohl sie im christlichen Glauben und mit christlicher Tradition leben, sehr wenig über ihre Religion wissen.

Und so gibt es zwar viele Christen, die aber die Botschaft des Schöpfers gar nicht kennen und auch nicht wissen, was sie eigentlich als Christen glauben müssen.

Und deshalb möchte ich das Werden der christlichen Lehre rekonstruieren und schildern, wie sie entstand.

Es bekennen sich heute noch etwa 2,4 Milliarden Menschen zum Christentum.

Und die sollten Bescheid über ihre Religion wissen.

Wenn Sie sich dafür interessieren, können Sie sich über dieses Thema im Anhang informieren.

ANHANG

Die Entstehung des Christentums

Im Alten Testament erfahren wir, wie Gott schon sehr früh über Propheten, kluge Männer (Abraham, Moses) seine Botschaft verkündet hat. Mit dem jüdischen Volk schloss er Bündnisse, und diese Menschen sollten nach seiner Botschaft leben. Das funktionierte aber nicht. Sie verehrten immer wieder andere Götter und Götzen. Gott gab den Versuch auf und gab den Juden bekannt, dass das Ende der Welt bevorstehe und der Sohn Gottes, der Messias und Erlöser, vom Himmel auf die Erde kommen wird und sein neues Reich errichten wird. Es soll ein Reich werden, in dem Gerechtigkeit für alle Menschen herrschen sollte.

Die Juden wurden mit dieser Botschaft vertröstet und warteten auf dieses Ereignis.

Die Geschichte des Christentums beginnt schon mit den Ereignissen im Paradies.

Adam und Eva lebten mit Gott friedlich und ohne Sünde und Begierden im Paradies. Sie waren unsterblich.

Sie hatten bereits ihr Ziel: DIE EWIGE SELIGKEIT ERREICHT.

Das konnte so nicht bleiben.

Gott prüfte sie, ob sie sein Verbot, nicht vom Baum der Erkenntnis zu essen, auch einhalten und befolgen. Und siehe, sie taten es nicht. Eine harte Strafe verhängte der tief beleidigte und verletze Gott den beiden.

Vertreibung aus dem Paradies, Sterblichkeit, harte Arbeit ein Leben lang.

Doch Gott legte in seinem Schmerz noch etwas drauf. Er machte die Sünde der beiden zur Sünde aller Nachgeborenen Adams, also zur Erbsünde. Er sprach zusätzlich allen Menschen die Fähigkeit ab, sich jemals wieder selber von der Erbsünde erlösen zu können. Erbsünde bedeutet: Ewige Verdammnis. Alle Menschen sind schon bei ihrer Geburt verdammt.

Gott merkte erst zu spät, dass er sich da einen großen Fehler geleistet hatte. Was tut er mit verdammten Menschen? Denen kann er nicht seine Botschaft predigen.

Diese Erbsünde musste wieder weg. Aber wie?

Jetzt muss ich noch ein anderes Ereignis bringen, sonst ist das alles nicht zu verstehen.

Die Juden wollten eine neue Lehre schaffen, in der Gott selbst auf die Erde kommt, Mensch wird und seine Botschaft selbst predigt.

Das hat es noch nicht gegeben. Sie wollten damit beweisen, dass nur sie die wahre und richtige Religion haben, weil sie Gott selbst offenbart hat.

Sie hatten aber vergessen, dass Gott ein unsichtbares Wesen ist. Sie wollten aber einen Gott als Verkünder seiner Lehre.

Jetzt zurück zum Vater. Der brauchte jemand, der für ihn auf die Erde geht, Mensch wird und seine Lehre predigt. Er braucht jemand, der die Menschen wieder von der Erbsünde erlösen kann. Dies sollte durch ein leidvolles Sühneopfer geschehen, durch den Tod am Kreuze.

Es gab aber nur Menschen und ihn auf der Welt.

Da dachte der Vater an seinen Sohn, der nun plötzlich da war (die Bibel sagt: Der Sohn ist die erste Kreatur des Universums, nicht gezeugt und nicht geschaffen).

Dieser Sohn war also da, und der Vater sprach mit ihm. Der Sohn willigte ein, für den Vater auf die Erde zu gehen, seine Botschaft zu verkünden, das Sühneopfer freiwillig für die Menschen zu bringen, damit diese wieder von der Erbsünde befreit sind und wieder die Gnade und Liebe des Vaters erhalten können.

Seit dieser Zeit gibt es zwei Götter, den Vater und den Sohn.

Nun musste das Problem der Menschwerdung gelöst werden. Dazu brauchte man eine menschliche Mutter und .... ja wer sollte der Vater sein?

Die Mutter war bald gefunden. Eine Jungfrau aus Nazareth mit dem Namen Maria hatte der Vater auserwählt. Sie war mit Josef verlobt.

Wie die Frage der Zeugung geschehen sollte, erfahren wir in der Bibel.

Der Engel Gabriel war der Bote, der Maria im Auftrag des Vaters die Frohe Botschaft brachte.

Er erschien Maria und sagte: Maria, du hast Gnade gefunden bei Gott. Du wirst einen Sohn empfangen und gebären, dem sollst du den Namen Jesus geben. Dieser ist der Sohn Gottes, der Erlöser und Messias. Der Heilige Geist, der Höchste, wird dich überschatten.

Der Vater war gefunden. Der Heilige Geist, der dritte Gott, der einfach da war, sollte Maria überschatten. Jetzt hat die christliche Religion drei Götter: Den Vater, den Sohn und den Heiligen Geist. Und so kam es zur TRINITÄT. Drei verschiedene Personen, die aber eine Einheit darstellen.

Josef, der Verlobte von Maria wusste nichts von der Frohen Botschaft. Er bemerkte nur, dass Maria ein Kind erwartete. Da beide noch rein waren, musste er annehmen, Maria war fremdgegangen und er wollte sie schon fortschicken. Da erschien auch ihm nachts ein Engel, der ihn aufklärte. Josef sollte der Vater sein und das Kind erziehen.

Das Kind wurde in Bethlehem in einem Stall geboren. Es war aber ein Kind, in dem zwei Personen waren: Es war der Erstgeborene von Maria und Josef und der Sohn Gottes.

Es musste aber bekannt gegeben werden, dass der Sohn Gottes geboren war. Es sollte aber nicht zu laut geschehen, denn sonst hätte Maria zugeben müssen, dass das Kind der Sohn Gottes war, und das hätte ihren Tod bedeutet, denn die Juden hätten sie wegen Gotteslästerung zum Tode verurteilt und gesteinigt.

So waren nur die Hirten und die drei Weisen aus dem Morgenlande Zeugen dieser Geburt.

Jetzt war wieder ein Problem zu lösen. Der Sohn Gottes war Mensch geworden, musste also etwa 30 Jahre warten, bis er öffentlich auftreten konnte. Was tun mit ihm?

Die Bibel berichtet nach der Geburt 30 Jahre lang nichts mehr von ihm. Sie nennt diese Zeit: Die DUNKLE ZEIT JESU.

Doch der damalige König der Juden HERODES erfuhr auch von der Geburt des neuen Königs der Juden. Er ließ alle Knaben, die noch keine zwei Jahre alt waren ermorden und wollte damit sicherstellen, dass er seinen Thron behielt.

Ein Engel erschien nachts dem Josef und befahl ihm, sofort mit Mutter und Kind nach Ägypten zu fliehen. Jesus Christus war gerettet.

Es ging also so weiter, dass das Kind als Erstgeborener von Josef und Maria angesehen wurde. Er wächst neben Geschwistern in der Familie auf, wurde als Jude erzogen, erlernte einen Beruf und lebte als Jude in Nazareth und Umgebung bis zu seiner Taufe.

Und jetzt ereignet sich folgendes:

Johannes der Täufer predigte am Jordan das baldige Kommen Gottes, des Erlösers und Messias. Er wolle ein Reich errichten, in dem Gerechtigkeit für alle Menschen herrschen soll.

Er, Johannes, rief die Juden zur Umkehr und Buße auf und taufte sie. Viele Juden kamen, hörten ihm zu und ließen sich taufen.

Und auch Jesus von Nazareth, der ja als Jude bisher gelebt hat, ließ sich taufen.

Als er nach der Taufe aus dem Wasser stieg, öffnete sich der Himmel und der Heilige Geist kam in Gestalt einer Taube auf ihn herab und eine laute Stimme war zu hören, die sagte: „DIES IST MEIN GELIEBTER SOHN, AN DEM ICH WOHLGEFALLEN HABE".

Was war passiert?

Gott Vater sagte den Menschen, dass dieser Jesus von Nazareth sein Sohn ist, der nun auf die Erde gekommen ist, um die Botschaft des Vaters zu verkünden und das Sühneopfer zu bringen, um die Menschen wieder zu erlösen.

Aus Jesus von Nazareth war der Sohn Gottes Jesus Christus geworden.

Die Juden glaubten das und fragten nicht nach dem Wie, sondern sie hatten auf diesen Tag lange warten müssen. Sie hatten dieses Ereignis erwartet und nun war es eingetreten. Der Sohn Gottes, der Messias und Erlöser war zu ihnen gekommen. Sie waren zufrieden und glücklich.

Nun hat der Apostel Paulus sehr viel dazu beigetragen, dass die christliche Lehre bei den Juden geglaubt und für alle Menschen bedeutend wurde.

Den Juden sagte er, dass ihr Gesetzesglaube gut war, weil er sie in Zucht gehalten hat. Aber er konnte sie nicht erlösen. Mit Jesus von Nazareth ist nun der Sohn Gottes, der Messias gekommen und nur er kann die Menschen erlösen. An ihn müssen sie nun glauben. Und das predigte er auch.

Er hat aber auch bei der Jerusalemer Urgemeinde, der Petrus vorstand, durchgesetzt, dass alle Menschen, ohne vorher jüdische Riten übernehmen zu müssen, Christen werden können, nicht nur Juden, sondern auch Heiden und alle andern.

Paulus ist der „CHRISTUSMACHER" und der Begründer des Christentums als WELTRELIGION. Er hat die Botschaft Gottes richtig gepredigt: Gehet hin und lehret und taufet alle Menschen.

Jetzt hatten die Macher, die die Lehre schufen, doch einen Gott auf der Erde. Aber ihr Wunsch, Gott Vater selbst sollte seine Lehre predigen, ging nicht in Erfüllung. Sein Sohn übernahm die Aufgaben des VATERS. Damit fällt auch für das Christentum der Anspruch weg, allein die wahre Religion zu besitzen, denn nicht der Stifter selbst hat die Botschaft verkündet, sondern sein Sohn.

Nun konnte Jesus Christus seine Aufgaben, die ihm sein Vater übertragen hat, beginnen.

Und aus diesen Begebenheiten wollten und mussten die menschlichen Schreiber eine Hl. Schrift fertigen.

Das konnte nicht gut gehen und ist auch nicht gelungen, wie die weitere Entwicklung der Lehre zeigt.

Die Botschaft des Vaters, die der Sohn gepredigt hat, ist das einzig Gute am Kanon. Aber sie ist nur schwer in der Bibel zu finden.

Von großer Bedeutung für den Inhalt der Bibel ist die Tatsache, dass jetzt nicht mehr der Vater mit seiner Lehre im Mittelpunkt steht, sondern die Ereignisse, die mit seinem Sohn erfolgen mussten. Der Fehler des Vaters musste beseitigt werden.

Dazu kommt noch, dass Christus bereits etwa 69 - 80 Jahre tot war, ehe die Macher und Schreiber begannen „SICH der SACHE CHRISTI" anzunehmen und schriftliche Aufzeichnungen anzufertigen. Wo sollten sie anfangen? Christus selbst und auch seine Jünger hatten keine schriftlichen Aufzeichnungen gemacht und hinterlassen.

So mussten sie aus dem Gedächtnis, aus schon reichlich vorhandenen Berichten über Gott, aus anderen bereits bestehenden Religionen Geschichten übernehmen und mit ihrer Phantasie Geschichten zusammenbasteln. Sie hatten also keine authentischen Berichte zur Verfügung, die sie als Grundlage für ihre Lehre benutzen konnten.

Es entstanden viele „Vielleicht-Geschichten", so könnte es gewesen sein, das könnte Christus gepredigt haben. Und so kann man schon fragen, ob das, was in der Bibel steht, auch wirklich die Worte Christi sind.

Und wenn wir die vier Evangelien lesen, finden wir widersprüchliche Texte über die gleiche Geschichte. Ortsverwechslungen, zeitliche Unterschiede von Ereignissen sind erkennbar. In den Texten finden wir viele Meinungen der Schreiber.

Wir erfahren aus der Bibel auch, dass manche Bücher nicht von den Männern geschrieben wurden, dessen Namen sie tragen. So hat Moses seine fünf Bücher nicht geschrieben, so hat Matthäus sein Evangelium nicht verfasst.

An der Bibel, so wie sie heute noch besteht, wurde über 1000 Jahre gearbeitet. Zu den ersten Geschichten kamen immer wieder neue dazu. Veränderungen, Erweiterungen, Ergänzungen wurden immer wieder vorgenommen.

So gleicht die Bibel einem Mosaikbild, das aus vielen Geschichten zusammengesetzt wurde. Es fehlt der rote Faden, der sich durch die Bibel zieht und einen klaren Eindruck hinterlässt. Der konnte nicht geschaffen werden.

Sie mussten alle Ereignisse, die nach der Verkündigung der Botschaft des Vaters durch den Sohn geschahen, mit in den Kanon einbeziehen. Und so kamen viele Ereignisse, die wenig mit der Botschaft zu tun haben, in die Bibel. Hätten sie die Botschaft durch einen Propheten verkünden lassen und nicht durch einen Gott, dann wären die Menschwerdung, das Leiden und der Tod Christi, seine Auferstehung, seine Erscheinung für 40 Tage nach dem Tod und die Himmelfahrt überflüssig gewesen.

Und gerade diese Ereignisse sind es, die die christliche Lehre so geheimnisvoll, so undurchsichtig, so widersprüchlich machen.

Wer kann denn die Menschwerdung Gottes verstehen? Wer kann denn den plötzlichen Wechsel der Person Jesus von Nazareth in die Gestalt des Sohnes Gottes verstehen? Wer kann die Auferstehung und Himmelfahrt begreifen?

Völlig unverständlich ist die Darstellung der Gründe für die Verurteilung von Jesus Christus.

Die Bibel berichtet ausführlich, dass Jesus zweimal verurteilt wurde. Einmal von den Juden selbst, den Hohen Priestern und Schriftgelehrten, die ihm Gotteslästerung vorwarfen, weil er gesagt hat, dass er der Sohn Gottes, der neue König der Juden sei. Der zweite Grund war, dass sie ihm Verstöße gegen ihren Glauben vorwarfen, ihn also als Gesetzesbrecher hinstellten, weil er gegen das Sabbatgebot und den Glauben verstoßen hat. Ihr Urteil: „TOD am KREUZE".

Dieses Urteil musste der römische Statthalter, der als Besatzungsmacht das Sagen hatte, bestätigen. Er fand zwar keine Schuld an Jesus, hatte aber auch nichts dagegen, wenn er nicht mehr lebte, denn er sah in ihm und seinen Anhängern Ruhestörer und Aufwiegler.

Er überließ das Urteil dem Volk, und das schrie: „Ans Kreuz mit ihm"!
Das sind die wahren Gründe für seinen Tod.

Und was machen die Macher der Lehre daraus?

Jesus Christus, der Sohn Gottes ist für uns Menschen in den Tod gegangen, damit wir wieder erlöst wurden. Er hat das Sühneopfer für uns Menschen gebracht. Er ist für jeden Mensch gestorben und hat dadurch allen Menschen wieder die Erlösung gebracht und sie wieder mit dem Vater versöhnt. Die Menschen können wieder die göttliche Gnade und Liebe empfangen.

Und dies muss der Christ glauben. Er muss sich taufen lassen und wird dadurch praktisch wiedergeboren, er muss glauben, dass Jesus für ihn den Tod erlitten hat und er muss an die Auferstehung Christi glauben. Erst dann ist er wirklich CHRIST.

Die Kirche hat den Auftrag von Gott bekommen, seine Botschaft den Menschen zu verkünden. Sie hat also das Recht, die Botschaft auszulegen. Seit dem 5. Jahrhundert ist der Papst die einzige Autorität in Glaubensfragen (siehe Glaubensregel). Was er verkündet, müssen wir glauben. Und die Bibel drückt das so aus: „Die demütige Unterwerfung unter Gott ist der schönste Schmuck des Christen".

Das Gute an der Bibel sind die Stellen (Bergpredigt und sein Wirken), bei denen seine Botschaft zu erkennen ist. Diese Botschaft ist gut und wünschenswert. Aber wir wissen halt nicht, ob das, was wir darüber in der Bibel erfahren, auch wirklich die Worte Christi sind.

Meine Kritik richtet sich nur gegen das Werden der Lehre.

Menschen haben sie so geplant und hergestellt. Sie haben Gott Fehler machen lassen (Erbsünde, Menschen können sich selbst nicht mehr von ihr befreien), die ein Gott nicht machen darf und auch nicht gemacht hat. Menschen haben sie ihm zugedacht.

Gott musste im Himmel hilflos zusehen, was die Menschen aus seiner Botschaft machten. Seine Inspiration hat wenig bewirkt.

Die Lehre ist ein gescheiterter Versuch, die Botschaft Gottes uns glaubwürdig zu offenbaren.

Wir erfahren in der Bibel wenig von seinem eigentlichen Wollen.

Und das haben auch Theologen festgestellt.

Der Theologe Leonhard Ragatz meint, dass das Christentum nicht das ist, was Gott wollte. In der Lehre ist zuviel Menschenwerk zu erkennen. Und der damalige Kardinal Ratzinger fragt: Die Verantwortlichen der Kirche müssen sich fragen lassen, und besinnen, warum sie den Glauben nicht so verkünden können, dass er auf die Fragen antwortet, die heute da sind.

Dietrich Bonhoeffer kennzeichnet unsere derzeitige Lage so:

„Wir gehen einer religionslosen Zeit entgegen. Der heutige Mensch ist ein „NIHILIST" geworden. Er sucht Gott in verschiedenen Dingen. Gott ist nicht im Jenseits zu suchen, sondern muss im Diesseits verwirklicht werden".

Für das Buch wurde folgende Literatur benutzt:

- Die große Bibel in Farbe (Prof. Dr. Günter Sternberger, 7 Bände; Zweiburgen Verlag)
- Gott und die Welt (Joseph Ratzinger; Knaur Taschenbuch Verlag)
- Salz der Erde (Joseph Ratzinger; Wilhelm Heyne Verlag München)
- Jesus von Nazareth (Joseph Ratzinger; Verlag Herder)
- Verschlusssache Jesus (Michael Baigent, Richard Leigh; Verlag Droemer Knaur)
- Nachrichten aus einem unbekannten Universum (Frank Schätzing; Verlag Kiepenheuer & Witsch)
- Die großen Denker (Harald Lesch, Wilhelm Vossenkuhl; Verlag Wilhelm Heyne München)
- Geschichte der Philosophie (Kurt Schilling; Universitätsverlag Carl Winter Heidelberg)
- Die fünf Weltreligionen (Helmuth von Glasenapp; Eugen Diederichs Verlag)